AF561748

Weihnachtszeit, du schöne Zeit!

Katharina Kunter, Jahrgang 1968, hat Geschichte und Evangelische Theologie studiert, ist ausgebildete Gymnasiallehrerin und arbeitet seit 2020 als Professorin für Kirchengeschichte an der Universität Helsinki in Finnland. In ihren Büchern verfolgt sie die Spuren, die das Christentum in der Geschichte hinterlassen hat und die uns heute noch prägen.

Evi Gasser, Jahrgang 1972, arbeitet als freischaffende Grafikerin und Illustratorin in Kastelruth (Südtirol). Sie hat zahlreiche Kinderbücher illustriert.

Mehr über unsere Bücher, Autor:innen und Illustrator:innen auf: www.thienemann-esslinger.de

Katharina Kunter

Weihnachtszeit, du schöne Zeit!

Feste und Bräuche von Sankt Martin bis Heilige Drei Könige

Mit Bildern von Evi Gasser

Gabriel

In dankbarer Erinnerung an Tante Inge, die beides konnte:
Weihnachten sozialkritisch erklären und sich
zugleich immer wieder an ihrem wunderbaren, drehenden
Familienweihnachtsbaum erfreuen.

Inhalt

Wir freuen uns auf die Weihnachtszeit!

Irgendwann ist der Herbst vorbei. Draußen wird es kälter, unsere Nasen laufen und wir tragen wieder Pullover und Jacken. Die Uhr wird umgestellt, die Tage werden kürzer. Es wird früher dunkel. Wir finden es jetzt gemütlicher, drinnen zu bleiben. Manchmal fällt es uns schwer, morgens aus dem warmen Bett zu kommen. Das finden einige Tiere auch, und deshalb fallen sie in einen Winterschlaf, Igel zum Beispiel. Andere Tiere, wie die Vögel, finden nicht mehr so einfach Futter. Dann stellen wir vielleicht ein Vogelhäuschen mit Körnern im Garten auf. Irgendwann sind alle Blätter von den Bäumen abgefallen. Nach einiger Zeit tauchen in den Fenstern Sterne auf, in den Straßen und Geschäften werden Lichterketten aufgehängt. Jetzt gibt es keinen Zweifel mehr: Die Weihnachtszeit hat begonnen und es dauert nicht mehr lange bis Heiligabend! Bis dahin ist noch viel zu tun: Plätzchen backen, Weihnachtslieder üben, basteln oder Geschenke besorgen.

Für viele Menschen, für Kinder und Erwachsene, ist das

Weihnachtsfest am 24. Dezember das schönste Fest des Jahres. Doch die helle Zeit mitten im trüben Winter beginnt schon viel früher: Wenn die Kindergartenkinder Laternen basteln und beim Martinsumzug mitlaufen oder die erste Kerze am Adventskranz angezündet wird. Dann fällt ein Licht in die Finsternis. Wir Menschen brauchen diesen Funken Freude in der Kälte. Die Weihnachtszeit vertreibt die Dunkelheit. Das ist ein Grund, warum das Weihnachtsfest so beliebt ist. Doch wo kommt dieses Fest her? Warum steht am 24. Dezember in den Wohnzimmern ein Tannenbaum, der geschmückt wird? Was hat das Christkind mit Weihnachten zu tun und was bekamen Kinder früher geschenkt?

Dieses Weihnachtsbuch gibt dir Antworten und macht dich schlauer. Beim Lesen wirst du zu einer richtigen Weihnachtsexpertin oder zu einem richtigen Weihnachtsexperten – und damit kannst du dich noch mehr auf die so besondere und schöne Weihnachtszeit freuen!

Woran merkst du, dass die Weihnachtszeit beginnt?

In den Dörfern und Städten werden Holzbuden für den Weihnachtsmarkt zusammengebaut.

Im Supermarkt gibt es ganz viele Weihnachtsmänner aus Schokolade.

Im Schulchor werden Adventslieder geübt.

Draußen versammeln
sich Kinder mit Laternen.

Opa und Oma fragen, was du
dir zu Weihnachten wünschst.

Du machst das
erste Türchen im
Adventskalender auf.

Warum feiern wir Weihnachten?

Weihnachten ist eines der Hauptfeste der christlichen Religion. Dem Christentum gehören weltweit über 2 Milliarden Gläubige an. Christen und Christinnen feiern an Weihnachten den Geburtstag von Jesus Christus. Er wurde vor 2000 Jahren geboren. Christen glauben, dass Jesus der Sohn Gottes ist.

Für einen Gottessohn hatte er eine außergewöhnliche Geburt, ganz anders als normalerweise die Götterkinder, die zu dieser Zeit geboren wurden. Die griechische Göttin Venus wurde zum Beispiel aus Gischt geboren, die römische Göttin Minerva aus dem Kopf des Gottes Jupiter. Götter wurden also auf spektakuläre Weise geboren.

Und jetzt passierte das: Der neue Gottessohn Jesus kam als Mensch auf die Erde. Seine Mutter Maria bekam ihn in einfachen Verhältnissen, in einer Krippe in einem Stall. Das hatte es bis dahin noch nicht gegeben. Doch nicht nur die Geburt von Jesus, auch sein Leben auf der Erde war besonders. Jesus wandte sich den Armen und den Gemobbten zu und er konnte Kranke heilen. Wenn er über Gott sprach, erzählte er so lebendig und überzeugend, dass die Zuhörer und Zuhörerinnen nicht anders konnten, als auch an Gott zu glauben. Schließlich wurde Jesus so bekannt, dass er zu einer Gefahr für die Römer wurde und sie ihn hinrichten ließen.

Von all diesem erzählt das heilige Buch der Christen, die Bibel. Zwei Menschen, die Jesus sehr beeindruckt hatte, waren Matthäus und Lukas. Sie schrieben wichtige Ereignisse aus Jesus' Leben auf, die wir heute in der Bibel nachlesen können. Matthäus und Lukas berichteten auch über die Geburt von Jesus.

Die Geburt Jesu

Aus der Bibel wissen wir, dass Jesus vor etwas mehr als 2000 Jahren in der Römerzeit lebte, im heutigen Israel. Damals herrschte der römische Kaiser Augustus. Jesus' Vater hieß Josef. Er musste wegen einer Volkszählung mit seiner schwangeren Frau Maria von der Stadt Nazareth in die Stadt Bethlehem reisen. Bethlehem lag in der römischen Provinz Judäa. Um dorthin zu reisen, war man zwei bis drei Tage zu Fuß unterwegs. Wahrscheinlich saß Maria mit ihrem dicken Bauch auf einem Esel, aber davon ist nichts in der Bibel geschrieben. Als sich die Geburt Jesu ankündigte, gab es keine freien Zimmer mehr in Bethlehem. Josef und Maria kamen in einem Stall unter. Dort wurde schließlich in der Nacht Jesus geboren.

Wir kennen nicht viele Details zu dieser Geburt. Aber Lukas berichtet uns in der Bibel von einem Engel. Er trat kurz nach der Geburt zu den Hirten, die in der Nähe ihre Schafe hüteten. Der Engel war aufgeregt und erzählte den Hirten voller Freude, dass gerade eben, nicht weit von ihnen entfernt, der neue Erlöser geboren worden sei. In der Bibel steht dazu das Wort »Heiland«. Der Engel gab den Hirten den Tipp: Dieser Heiland hat Windeln an und liegt in einer Krippe. Dann rauschte ein Engelschor vom Himmel und stimmte einen großen Lobgesang für Gott an. Allen war klar: Es war etwas Besonderes geschehen, es war eine heilige Nacht. Kein Wunder, dass die Hirten es nicht abwarten

Nazareth
Jerusalem
Bethlemem

konnten. Sie brachen auf und fanden Maria, Josef und das Jesuskind in der Krippe.

Wir wissen nicht genau, wo der Stall und die Krippe waren. Aber Christen aus der Gegend verehrten schon sehr früh eine Stelle, wo sie vermuteten, dass Jesus hier geboren worden war. 300 Jahre später bauten sie dort eine Kirche. Diese Geburtskirche in Bethlehem kann man heute noch besuchen. Jahr für Jahr machen sich Tausende Christen in der ganzen Welt dahin auf.
Die Geburt von Jesus liegt schon über 2000 Jahre zurück. Trotzdem wird seine Geburtsgeschichte heute noch erzählt und weitergegeben. Maler wie Giotto, Botticelli, Caravaggio, Rembrandt oder Gaugin haben großartige Bilder von Jesu Geburt gemalt. Die Weihnachtsgeschichte berührt uns, so, wie uns ein neugeborenes Baby erfreut und gleichzeitig daran erinnert, dass jedes Leben Schutz und Liebe braucht. Und weil das für alle Menschen gilt, kann auch jeder, der möchte, auf seine eigene Art und Weise Weihnachten feiern.

Der Martinstag

Wer war der Heilige Martin und warum feiern wir Sankt Martinstag?

Im Jahr 316, also vor 1700 Jahren, wurde im heutigen Ungarn ein Mann geboren, der später eine der bekanntesten und wichtigsten Personen des Christentums werden sollte: Sein Name war Martin und er lebte in der Zeit des Römischen Reiches. Martins Vater war Offizier in der römischen Armee. Er war ein echter Römer und glaubte an die römischen Götter.

Sein Sohn Martin war da anders. Als Kind hatte er Menschen kennengelernt, die einer neuen Religion angehörten, die sich jetzt überall im Römischen Reich ausgebreitet hatte: Dem Christentum. Diese Religion faszinierte Martin. Er wollte dazugehören und meldete sich zur Taufe an. Doch sein Vater machte ihm einen Strich durch die Rechnung. Martin musste wegen seines Vaters mit 15 Jahren Soldat der römischen Armee werden. Er kam in eine Reiterabteilung, die in Frankreich stationiert war.

Dort begegnete er einmal mitten im kalten Winter am Stadttor einen armen Mann. Der Mann war am Erfrieren,

er hatte keine Kleidung, keine Schuhe und nichts zu essen. Er bettelte um Hilfe. Aber niemand half ihm, obwohl viele Menschen durch das Stadttor ein und aus gingen. Martin sah den Mann und hatte Mitleid mit ihm. Er hatte jedoch nichts bei sich außer seinem Soldatenschwert und seinem Soldatenmantel. Da teilte er mit dem Schwert seinen Mantel und schenkte dem Bettler eine Hälfte. Der Bettler war glücklich und rollte sich in den warmen Mantel ein. Aber die anderen Soldaten lachten Martin aus, weil er so blöd aussah, sein Körper nur mit der Hälfte seines Mantels bedeckt.

In der Nacht darauf träumte Martin von dem Bettler. Der Bettler trug die Hälfte des Mantels und dankte Martin im Traum für seine Hilfe und Güte. Schließlich gab er sich als Jesus Christus zu erkennen.

Martin erkannte: Indem er dem Frierenden den Mantel gegeben hatte, hatte er Christus geholfen. Das veränderte Martin. Kurz darauf ließ er sich von einem Bischof zum Christen taufen. Er wollte auch nicht länger ein Soldat des römischen Kaisers sein. Deshalb bat er den römischen Kaiser, ihn aus der Armee zu entlassen. Doch der Kaiser lehnte zunächst ab. Später durfte Martin die Armee verlassen. Er war ein sehr gläubiger Christ und baute das erste christliche Kloster in Europa. Der Schriftsteller Sulpicius Severus, der Martin noch persönlich kennengelernt hatte, schrieb über ihn: Er strahle eine »Art himmlischer Freude« aus. Martin lebte bescheiden und half den Armen und Kranken, wo es ging. Das machte ihn so beliebt, dass er schließlich zum Bischof der Stadt Tours in Frankreich geweiht wurde. Deshalb wird er auch Martin

von Tours genannt. Als er im Jahr 397 mit 81 Jahren starb, trauerten Tausende Christen um ihn.

Weil er so ein besonderer Mensch und Christ gewesen war, wurde Martin später heiliggesprochen. Nun hieß er der Heilige Martin. Oder auch, in der Sprache der Römer, auf Lateinisch: Sankt Martin. Der Tag, an dem Martin beerdigt worden war, wurde schnell als Festtag gefeiert. Das war der 11. November. Seitdem wird am 11. November an den Heiligen Martin gedacht und an ihn erinnert. Und wie man das macht, kannst du auf den nächsten Seiten erfahren.

Der Martinsumzug

Oft basteln Kinder im Kindergarten oder in der Grundschule Laternen und versammeln sich am Abend des 11. November zusammen zu einem Umzug. Dann singen sie Lieder wie »Laterne, Laterne« oder auch »Sankt Martin ritt durch Schnee und Wind«. Manchmal spielen sie auch die Geschichte von Sankt Martin nach. Oder es gibt sogar einen Sankt Martin mit einem Soldatenhelm und einem roten Mantel auf einem weißen Pferd, der den Martinsumzug anführt. Wir wissen zwar nicht, ob Martin damals auf einem Pferd gesessen hat. Aber auf Gemälden in Kirchen wurde Martin häufig mit einem Pferd gemalt. Die Maler wollten ihn als christlichen Helden zeigen, der sein Schwert nicht als Waffe benutzt, sondern damit schwachen Menschen hilft.

Wenn in der Dunkelheit des Novembers dann die Laternen leuchten, erinnern sie daran, dass Martin für den Bettler ein Licht war, das ihm Wärme gegeben hat. Und weil die Kinder und Erwachsenen nach dem Laternenumzug oft durchgefroren sind, gibt es auch häufig ein Martinsfeuer, das aufwärmt.

Sankt Martin ritt durch Schnee und Wind

Im Schnee da saß ein armer Mann,
hatt' Kleider nicht, hatt' Lumpen an.
O helft mir doch in meiner Not,
sonst ist der bittre Frost mein Tod!

Sankt Martin zog die Zügel an,
sein Ross stand still beim armen Mann,
Sankt Martin mit dem Schwerte teilt'
den warmen Mantel unverweilt.

Sankt Martin gab den halben still,
der Bettler rasch ihm danken will.
Sankt Martin aber ritt in Eil'
hinweg mit seinem Mantelteil.

Warum werden am Martinstag Gänse gegessen?

Es wird erzählt, dass Martin kein Bischof werden wollte. Er traute sich dieses hohe Amt nicht zu. Als ihn die Menschen der Stadt Tours eindringlich baten, Bischof zu werden, versteckte er sich vor Angst in einem Gänsestall.

Aber als er in den Gänsestall kroch, begannen die Gänse zu schnattern und verrieten ihn. So wurde Martin dann doch zum Bischof geweiht.

Später war der Martinstag der letzte Tag, wo sich die Christen und Christinnen noch einmal richtig satt essen konnten. Anschließend musste bis Weihnachten gefastet werden. Und da kam dann oft ein leckerer Gänsebraten auf den Tisch.

Martinsmännchen

Am 11. November gibt es beim Bäcker häufig Weckmännchen aus Hefeteig. Oft haben sie Rosinenaugen und Rosinenknöpfe und manchmal auch eine weiße Tonpfeife im Mund. Sie sehen niedlich aus. Heute kann man sich gar nicht mehr vorstellen, dass sie früher einmal einen Bischof mit seinem Bischofsstab darstellen sollten.

Übrigens:

Martin Luther wurde am 11. November 1483 getauft und erhielt deshalb den Namen »Martin«. In manchen Gegenden wird am 11. November deshalb an die beiden Martins gedacht, an den Heiligen Martin und an Martin Luther.

Martinsbrezel

Früher bekamen die Armen und Kranken am Martinstag eine Brezel oder ein anderes Gebäck. Heute gibt es am 11. November oft Brezeln beim Bäcker.

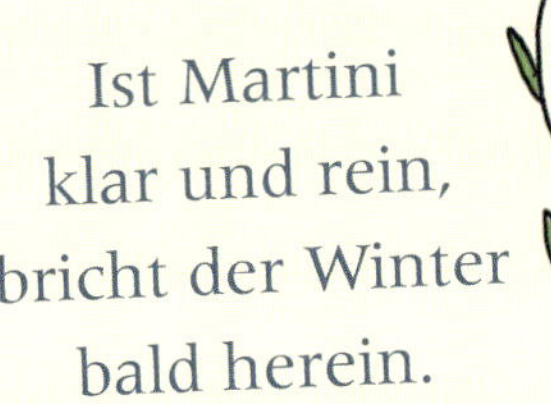

Übrigens:

Die Bauern nannten den Martinstag Martini. Es war für sie ein wichtiger Tag, denn er sollte ihnen vorhersagen, wie das Wetter in den nächsten Wochen wird. Hier sind zwei Bauernsprüche:

Sankt Martin
Sonnenschein,
tritt ein kalter
Winter ein.

Ist Martini
klar und rein,
bricht der Winter
bald herein.

Barbaratag

Blühende Zweige am Weihnachtsfest

Nach Sankt Martin wird in vielen Gegenden Deutschlands der Barbaratag gefeiert. Er ist am 4. Dezember und geht auf die Heilige Barbara zurück. Barbara, so wird es seit vielen Jahrhunderten erzählt, war ein sehr kluges und schönes Mädchen. Sie lebte wahrscheinlich Ende des dritten Jahrhunderts in Nikodemia, das ist heute die Stadt Izmir in der Türkei. Wie Martin hatte auch Barbara Christen und Christinnen

kennengelernt und hatte sich taufen lassen. Das gefiel ihrem Vater nicht. Er wollte sie verheiraten und mit Gewalt vom christlichen Glauben abbringen. Sie wurde sogar zum Tod verurteilt – auf Wunsch ihres eigenen Vaters. Aber sie weigerte sich, den christlichen Glauben abzulegen. Deshalb sollte sie ins Gefängnis kommen. Auf dem Weg dahin blieb sie mit ihrem Kleid an einem Zweig hängen. Diesen abgebrochenen Zweig nahm sie mit ins Gefängnis und stellte ihn in eine Vase. Am 4. Dezember, als Barbara schließlich hingerichtet wurde, begann dieser Zweig zu blühen.

Seitdem hat sich über die Jahrhunderte hinweg der Brauch entwickelt, am 4. Dezember Zweige von Apfel- oder Kirschbäumen abzuschneiden. Sie werden in eine Vase mit Wasser in einem warmen Zimmer gestellt. Dann sollen sie am Weihnachtsfest blühen, Glück bringen und an die Geburt Christi erinnern.

Der Nikolaus kommt … Woher?

Am Abend des 5. Dezember ist Aufregung in Deutschland angesagt: Der Nikolaus kommt! Früher mussten die Stiefel blank geputzt werden, heute sind sie oft gar nicht mehr so schmutzig: Aber immer noch stellen am Abend des 5. Dezember Tausende von Kindern in Deutschland ihre Stiefel vor die Tür. Manchmal legen sie ein Gedicht für den Nikolaus dazu oder auch eine Karotte für das Pferd des Nikolaus. Keiner weiß, wann und wie der Nikolaus kommt. Aber er kommt, irgendwann in der Nacht, füllt die Stiefel mit Süßigkeiten und manchmal auch kleinen Geschenken. Dann ist er wieder weg. Ab und an taucht er am nächsten Tag noch einmal auf: auf einem Adventsmarkt, am Bahnhof oder auch im Kindergarten. Der Nikolaus sieht aus wie ein freundlicher Großvater. Er bleibt ein Geheimnis: wir wissen, dass er ein Pferd hat und einen Begleiter – aber sehr viel mehr nicht. Wenn es schneit, kommt er mit dem Schlitten. In den Niederlanden sind sich die Kinder sicher, dass er nach dem 6. Dezember mit einem alten Dampfboot zurück nach Spanien fährt. Weil er Orangen und Mandarinen mitbringt, muss er aus einem südlichen Land kommen, denken sie.

Manchmal wird der Nikolaus mit dem Weihnachtsmann verwechselt. Das würde dem Nikolaus nicht gefallen, denn er ist anders: Er trägt einen Bischofsstab und eine rote Bischofsmütze und der Weihnachtsmann nicht. Doch wo kommt diese Bischofsmütze her?

Eine Geschichte vom Heiligen Nikolaus

Im Süden der heutigen Türkei lebte 300 Jahre nach Jesu Geburt ein Mann mit dem Vornamen Nikolaus. Er war der einzige Sohn von reichen und sehr gläubigen Christen. Als beide Eltern an der Pest starben, erhielt Nikolaus das ganze Vermögen seiner Eltern. Dazu gehörten nicht nur Gold und Silber, sondern viele Häuser und Paläste, zusammen mit all den Menschen, die dort arbeiteten. Nikolaus war jetzt reich. Doch er war traurig über den Tod seiner Eltern und konnte sich über seinen neuen Reichtum nicht freuen. Deshalb gab er viel davon an die Armen ab.

Eines Tages hörte er von einer Familie mit drei Töchtern. Der Vater war krank geworden, konnte nicht mehr arbeiten und die Familie ernähren. Am schlimmsten war, dass er seinen Töchtern kein Geld für eine gute Hochzeit geben konnte. Da kam der Vater auf die Idee, seine drei Töchter an fremde Männer zu verkaufen.

Nikolaus erfuhr davon. Er stieg nachts auf das Dach der Familie und warf einen Goldklumpen durch das offene Fenster. Als eine Tochter am Morgen den Goldklumpen fand, war der Vater glücklich. Nun musste er diese Tochter nicht mehr verkaufen! In der nächsten Nacht stieg Nikolaus wieder auf das Dach und warf einen zweiten Goldklumpen durch das Fenster. Nun wurde der Vater neugierig und wollte wissen, wer seiner Familie so etwas Gutes tat. In der nächsten Nacht versteckte er sich und sah so, wie Nikolaus wieder auf das

Dach kletterte. Da sprang der Vater aus seinem Gebüsch hervor und wollte Nikolaus danken.

Nikolaus aber wehrte den Dank des Vaters ab. »Bitte, erzähle es niemandem«, sagte Nikolaus, »ich helfe nicht, damit man mir dankbar ist. Für mich ist es selbstverständlich zu helfen und ich will kein Lob dafür.«

Nikolaus half noch vielen anderen Menschen. Er wurde Bischof von Myra und nach seinem Tod so sehr verehrt, dass aus Nikolaus der Heilige Nikolaus wurde.

Wer begleitet den Nikolaus?

Früher hatte der Nikolaus fast immer einen Begleiter. Vielleicht ist seine Arbeit mittlerweile einfacher geworden, jedenfalls ist er heute meistens allein unterwegs. Aber in alten Büchern, Gedichten und Bildern kommt der Nikolaus oft noch mit einem Begleiter vor. Er trägt einen braunen oder schwarzen Mantel, sieht oft unheimlich und zerzaust aus. Manchmal trägt er einen Korb mit Geschenken auf dem Rücken, oder einen Sack. Fast immer hat er eine Rute bei sich.

Der bekannteste Begleiter in Deutschland ist Knecht Ruprecht. Er war früher für die bösen Dinge zuständig und Kin-

der hatten Angst vor ihm. Wenn er fand, dass ein Kind über das Jahr hinweg nicht brav genug war, gab er ihm eine Rute und keine Geschenke. Damals war es aber auch nicht einfach, ein Kind zu sein. Man musste sich immer so verhalten wie ein Erwachsener. Und weil Kinder heute Kinder sein dürfen, hat sich Knecht Ruprecht wahrscheinlich auch aus dem Staub gemacht.

Neben Knecht Ruprecht gibt es viele andere Begleiter des Nikolaus. In Österreich und Südtirol wird der Nikolaus zum Beispiel vom Krampus begleitet, in der Schweiz vom Schmutzli. Die haben oft Holzmasken an und Felle um sich gebunden.

Kommt der Nikolaus auch in unsere Nachbarländer?

In Österreich und in der Schweiz bekommen die Kinder ebenfalls Süßigkeiten und kleine Geschenke in die Schuhe. In der Schweiz heißt der Nikolaus »Samichlaus«.

In den Niederlanden stellen Kinder ihre Schuhe schon ab Ende November vor die Tür. Ab und an legt der Nikolaus nachts Süßigkeiten oder kleine Geschenke hinein und wirft mit kleinen Pfeffernüssen um sich. Der Nikolaus in den Niederlanden heißt »Sinterklaas« und bringt am Abend des 5. Dezembers Geschenke. Das wird in vielen holländischen Familien wie Weihnachten in Deutschland gefeiert. So ist es auch in Luxemburg, wo der Nikolaus »Kleeschen« heißt.

In Dänemark gibt es keinen Nikolaus. Dort sind nachts Weihnachtswichtel mit roten Mützen unterwegs. Wenn man ihnen abends etwas zum Knabbern hinlegt, freuen sie sich und bedanken sich mit Süßigkeiten und Kuchen. Aber wenn nicht – dann bringen sie gerne die Wohnung durcheinander!

Übrigens:

Manchmal stoßen wir im Sommer auf kleine Nikoläuse: in Gärten, auf Campingplätzen oder beim Minigolf. Das glaubt ihr nicht? Dann schaut euch doch einmal genauer die Gartenzwerge an und ihren weißen Bart und ihre Mütze. Wenn sie rot ist, dann wird der Gartenzwerg schnell zum Nikolaus.

Es gibt einige sehr bekannte und schöne Nikolausgedichte in deutscher Sprache. Viele Kinder können sie sogar auswendig aufsagen. Eines dieser Nikolausgedichte ist das Gedicht »Knecht Ruprecht« von Theodor Storm. Theodor Storm war ein deutscher Schriftsteller. Das Gedicht schrieb er im Jahr 1862.

Knecht Ruprecht

Von drauß' vom Walde komm ich her;
ich muss euch sagen, es weihnachtet sehr!
Allüberall auf den Tannenspitzen
sah ich goldne Lichtlein blitzen
und droben aus dem Himmelstor
sah mit großen Augen das Christkind
hervor.
Und wie ich so strolcht durch den
finstern Tann,
da rief's mich mit heller Stimme an:

»Knecht Ruprecht«, rief es, »alter Gesell,
hebe die Beine und spute dich schnell!
Die Kerzen fangen zu brennen an,
das Himmelstor ist aufgetan,
alt und jung sollen nun
von der Jagd des Lebens einmal ruhn,.
und morgen flieg' ich hinab zur Erden;
denn es soll wieder Weihnachten werden!«

Ich sprach: » O, lieber Herre Christ,
meine Reise fast zu Ende ist;
ich soll nur noch in diese Stadt,
wo's eitel gute Kinder hat.«
– »Hast denn das Säcklein auch bei dir?«
Ich sprach: »Das Säcklein, das ist hier;
denn Äpfel, Nuß und Mandelkern
essen fromme Kinder gern.«
– »Hast denn die Rute auch bei dir?«
Ich sprach: »Die Rute, die ist hier;
doch für die Kinder nur, die schlechten,
die trifft sie auf den Teil, den rechten!«
Christkindlein sprach: »So ist es recht;
so geh mit Gott, mein treuer Knecht!«

Von drauß', vom Walde komm' ich her;
ich muss euch sagen, es weihnachtet sehr!
Nun sprecht, wie ich's hierinnen find'!
Sind's gute Kind', sind's böse Kind'?

Theodor Storm

Weiße Weihnachten – Warten auf den Schnee

Wenn die erste Kerze am Adventskranz angezündet wird und die Weihnachtsmärkte öffnen, warten viele sehnsüchtig auf den ersten Schnee. Je nachdem, wo man wohnt, kann es schon im Dezember schneien. Dann ist die Freude groß, die Schlitten werden hervorgeholt und alles sieht festlicher, schöner und weihnachtlicher aus. In vielen Gegenden ist es jedoch im Winter warm und an Weihnachten regnet es. Aber auch dann ist die »Weiße Weihnacht« in unseren Köpfen und begleitet uns: auf Kalendern, Weihnachtsdekorationen oder Postkarten. Schnee und Weihnachten gehören für viele in Deutschland zusammen.

Das war nicht immer so. Früher, im Mittelalter und bis in das 19. Jahrhundert hinein, waren Winter, Schnee und Eis etwas Gefährliches und Bedrohliches. In seinem Stück »Die vier Jahreszeiten« lässt der Komponist Antonio Vivaldi eine Geige so abgebrochen spielen, dass es sich nach Zähneklappern und Zittern anhört. Die Menschen kannten dieses Gefühl: Im Winter war es kalt, ihre Häuser wurden nicht warm, die Menschen froren. Draußen konnten sie erfrieren. Sie mussten von ihren Vorräten leben. In einem langen Winter musste man aufpassen, nicht zu verhungern.

Vor 250 Jahren begannen die Menschen, anders über den Winter zu denken. Technik und Industrie hatten Fortschritte

gemacht. Viele Menschen hatten bessere Häuser, wärmere Kleidung, konnten sich einfacher im Winter versorgen und waren nicht mehr so arm. Jetzt erfreuten sie sich am Winter, fuhren Schlittschuhe, Schlitten oder Ski. Der Schneemann, der früher auf Bildern wie ein böser Mann aussah, wurde ein rundlicher Mann: Er lächelte. Weihnachten und der leuchtende Schnee passten nun zusammen. Jetzt konnte man den Glanz der Heiligen Nacht nicht nur sehen, sondern seine Schönheit sogar fühlen. So beschrieb es jedenfalls 1895 der evangelische Pfarrer Eduard Ebel in seinem Lied: »Leise rieselt der Schnee«.

Das bekannteste Winterlied

Fast alle Kinder kennen das Lied »Schneeflöckchen, Weißröckchen«. Auch, wenn die Kinder längst erwachsen geworden sind, können sie dieses Lied noch singen und haben nicht vergessen, wie schön es ist, wenn es schneit. Geschrieben hat das Lied 1869 die Kindergärtnerin Hedwig Haberkern. Sie nannte sich »Tante Hedwig« und wollte den Kindern mit ihrem Lied erklären, dass der Winter nicht so schrecklich ist. Die Blumen sterben nicht, sondern werden nur vom Schnee zugedeckt, dichtete sie. Der eisige Frost, den die Menschen früher so fürchteten, wird jetzt zu einem Schneeflöckchen, das sich als ein Freund an die Fenster der Kinder setzt. Tante Hedwig kam aus Schlesien, und da gab es noch ein anderes Wort für Schneeflocke: Weißröckchen.

Schneeflöckchen, Weißröckchen

Komm setz dich ans Fenster,
du lieblicher Stern,
malst Blumen und Blätter,
wir haben dich gern.

Schneeflöckchen, du deckst uns
die Blümelein zu,
dann schlafen sie sicher
in himmlischer Ruh'.

Schneeflöckchen, Weißröckchen,
komm zu uns ins Tal.
Dann bau'n wir den Schneemann
und werfen den Ball.

Übrigens:

Schneeflocken bestehen immer aus derselben sechseckigen Grundform. Aber es gibt keine identischen Schneeflocken, jede Schneeflocke sieht anders und einzigartig aus!

Zeit des Wartens und der Vorfreude: Adventszeit

Weihnachtszeit bedeutet Geduld zu haben. Kinder und Familien warten auf das Weihnachtsfest und die Geschenke. Erwachsene warten darauf, dass es endlich wieder heller wird, der trübe Winter vorbeigeht und der Frühling kommt. Warten gehört zur Weihnachtszeit. Die Kirche und die Christen warten auf die Geburt von Jesus Christus und auf das göttliche Licht, das von dieser Geburt im Stall ausgeht. Sie nennen deshalb die Zeit vor Weihnachten auch »Adventszeit«. Advent kommt aus dem Lateinischen und bedeutet: Ankunft. Christen warten also auf die Ankunft Christi.

Die Adventszeit ist aber nicht nur eine Zeit des ungeduldigen Wartens auf das Weihnachtsfest. Es ist auch eine Zeit der Vorfreude, in der vieles für das Weihnachtsfest vorbereitet wird. Plätzchen oder Kekse backen macht zum Beispiel viel Spaß. Hast du schon einmal Butterplätzchen zu Hause oder im Kindergarten gebacken? Am besten, du machst das an zwei Tagen. Am ersten Tag machst du den Teig (und naschst). Anschließend kommt er über Nacht in den Kühlschrank. Am nächsten Tag rollst du den Teig aus und stichst die Plätzchen mit den schönen Förmchen aus. Nachdem sie im Ofen gebacken haben, verzierst du sie mit Zuckerguss, bunten Zuckerperlen, Schokostreuseln oder Nüssen. Wenn du noch keine Plätzchen gebacken hast – probiere es einmal aus!

Übrigens:

Wie sagst du zu selbst gemachtem Weihnachtsgebäck? Im Norden und in der Mitte Deutschlands sagen die meisten *Plätzchen*, im Süden eher *Keks*. Im Südwesten ist auch der Ausdruck *Brötle* oder *Gutsle* üblich. In der Schweiz isst man *Biscuit* oder *Guetzli* und immer häufiger gibt es auch englische *Cookies*.

Weihnachtsplätzchen

Du brauchst für ungefähr 40 Butterplätzchen:

200 Gramm Weizenmehl
125 Gramm Butter
100 Gramm Zucker
1 Päckchen Vanillezucker
1 Ei
Und für die Verzierung:
6 Esslöffel Puderzucker
Zuckerverzierungen aus dem Supermarkt
Backpapier

Zubereitung:

1) Gibt das Mehl, den Zucker und die Butter in eine Schüssel und füge ein Ei hinzu. Verknete alles mit den Händen oder mit einem Mixer mit Knethaken zu einem Teig (am besten, du teilst die Butter in kleine Stückchen). Lege dann den Teig auf einem Teller in den Kühlschrank (mindestens 30 Minuten).

2) Lege passendes Backpapier auf das Blech und heize den Ofen auf 175 Grad Ober-/ Unterhitze oder 160 Grad Umluft. Rolle nun den Teig auf dem Tisch ca. 5 Millimeter dick aus und steche mit den Förmchen Plätzchen aus. Lege sie direkt auf das Blech, bis das Blech voll ist.

3) Schiebe das Blech mit den Plätzchen in den Ofen und backe die Plätzchen 7–10 Minuten. Hole sie dann heraus und lasse sie abkühlen.

Wenn du sie noch verzieren möchtest: Rühre den Puderzucker mit etwas heißem Wasser an, bis eine klebrige Masse entsteht.

Diese kannst du mit einem Löffel oder Backpinsel nun auf die Plätzchen streichen. Jetzt kannst du deine Verzierungen anbringen!

Für Weihnachten Plätzchen zu backen hat eine lange Tradition. Schon im Mittelalter wurden in den Männer- und Frauenklöstern neue Rezepte ausprobiert. Denn die Mönche und Nonnen wussten nicht nur oft als Erstes von neuen Gebäcken aus fernen Ländern, sie hatten auch die notwendigen Gewürze. Unsere typischen Weihnachtsgebäcke, wie Lebkuchen, Spekulatius, Zimtsterne, die Aachener Printen oder Pfeffernüsse schmeckten also schon vor über 500 Jahren!

Die Erfindung des Adventskranzes

Wenn wir auf etwas warten, ist es gut zu wissen, wie lange wir warten müssen. Das dachte sich im 19. Jahrhundert auch der evangelische Erzieher und Theologe Johann Hinrich Wichern. Er leitete ein Haus für arme und verwahrloste Kinder in Hamburg und überlegte, wie er den Kindern die Wartezeit auf Weihnachten verkürzen könnte. Da kam er auf diese Idee: Er nahm ein großes Rad aus Holz. Darauf befestigte er vier große weiße Kerzen für die vier Sonntage vor Weihnachten und 19 kleine rote Kerzen für die Tage dazwischen. Dieses Kerzenrad wurde unter der Decke des großen Betsaales befestigt. Jeden Tag wurde nun eine Kerze angezündet. Jetzt wussten die Kinder ganz genau, wie lange sie noch auf Weihnachten warten mussten – nämlich so lange, bis die letzte Kerze des Kranzes angezündet wurde: Dann war Heiligabend da!

Viele fanden die Idee mit dem Adventskranz gut. Zwanzig Jahre nachdem Wichern den Adventskranz erfunden hatte, wurde der Kranz zusätzlich mit weißen Bändern und mit Tannen- oder Fichtenzweigen umwickelt. Das gefiel vor allem den gutgestellten evangelischen Familien in den Städten. Die Tannenzweige waren das einzige Grün in der Winterzeit, das brachte Hoffnung in die Wohnstuben. Und den Kranz konnte die Hausfrau weiter mit schönem Schmuck verzieren. So kam der Adventskranz im 20. Jahrhundert immer mehr in Mode. Er wurde kleiner und praktischer, nun wurde er auf den Tisch gestellt. Auch die Anzahl der Kerzen veränderte sich: Jetzt gab es nur noch vier Kerzen, für jeden Adventssonntag eine. Oft sind die vier Kerzen rot. Denn für viele christliche Menschen bedeutet die Farbe Rot Liebe. Sie wollen mit den roten Kerzen auf dem Adventskranz ausdrücken, dass mit Jesus' Geburt die Liebe in die Welt gekommen ist.

Übrigens:

Es gibt auch ein Lied über den Adventskranz:

»Advent, Advent,
ein Lichtlein brennt.
Erst eins, dann zwei,
dann drei, dann vier,
dann steht das Christkind vor der Tür.«

»Und wenn das fünfte Lichtlein brennt,
dann hast du Weihnachten verpennt!«

Übrigens:

Der größte Adventskranz der Welt stand 2017 im Dorf Mosnang in der Schweiz und kam in das Guinness-Buch der Rekorde. Es brauchte 300 Freiwillige, um ihn aufzubauen.
Er führte über eine Straße, hatte einen Umfang von 400 Metern und einen Durchmesser von 121 Meter. Die Kerzen waren elektrisch und jede Kerze war fast sechs Meter hoch.

So macht das Warten auf Weihnachten Freude: Der Adventskalender

In der Mitte des 19. Jahrhunderts, als Wichern den Adventskranz erfand, kamen auch andere Ideen auf, wie sich Kinder die Wartezeit auf Weihnachten besser einteilen konnten. In manchen Familien wurde jeden Tag ein Bild an die Wand gehängt, so lange, bis 24 Bilder an der Wand hingen. Eltern malten 24 Kreidestriche an die Tür, von denen jeweils einer an einem neuen Tag weggestrichen wurde. Oder es gab 24 Federn oder Strohhalme und jeden Tag wurde einer in die Krippe des Jesuskindes gelegt, damit es schön warm liegt.

Vor etwas mehr als 100 Jahren kam der erste gedruckte Adventskalender auf den Markt. Er hieß »Im Lande des Christkinds« und war zum ersten Mal 1904 als eine Beilage der Stuttgarter Zeitung erschienen. Es waren zwei Bögen mit 24 Bildern zum Ausschneiden und 24 Feldern zum Aufkleben. Die Idee dazu hatte der Buchhändler und Verleger Gerhard Lang aus Maulbronn. Dieser Kalender war so erfolgreich, dass sich Gerhard Lang in den nächsten Jahren weiter der Herstellung und dem Verkauf von Adventskalendern widmete, jetzt mit einer größeren Firma. 20 Jahre später gab es nun überall in Deutschland Adventskalender zu kaufen; in unterschiedlichen Größen, mit ganz verschiedenen Bildern, zum Aufhängen oder Aufstellen. Oft waren die Kalender kleine Kunstwerke.

Und im Laufe der Zeit veränderte sich auch ihre Form: Es kamen Kalender mit 24 Türchen auf, hinter denen ein kleines Bild zur Weihnachtsgeschichte war. Dann gab es Kalender mit Schokolade oder auch Kalender mit kleinen Geschenkpäckchen. Und während der Adventskalender früher immer einen Bezug zur biblischen Geschichte von Weihnachten und dem Jesuskind in der Krippe hatte, gibt es heute auch viele Adventskalender, die etwas ganz anderes abbilden: eine Winterlandschaft, ein berühmtes Gemälde oder auch einen Fußballverein.

Übrigens:

In Österreich wird manchmal eine Himmelsleiter als Adventskalender aufgestellt. Das ist eine Leiter mit einer gebastelten Puppe, die dem Christkind ähnlich sieht. Dann wird jeden Tag das Christkind eine Sprosse weiter nach unten gesetzt, bis das Christkind auf der Erde angekommen ist. Das soll daran erinnern, dass Gott durch die Geburt Jesu zu Weihnachten auf die Erde kommt.

Warum feiern wir Weihnachten am 24./25. Dezember?

Für die meisten von uns ist Weihnachten das wichtigste christliche Fest. Das war aber nicht immer so. Die ersten Christen im Römischen Reich feierten zunächst das letzte Mahl von Jesus mit seinen Jüngern und die Auferstehung von Jesus

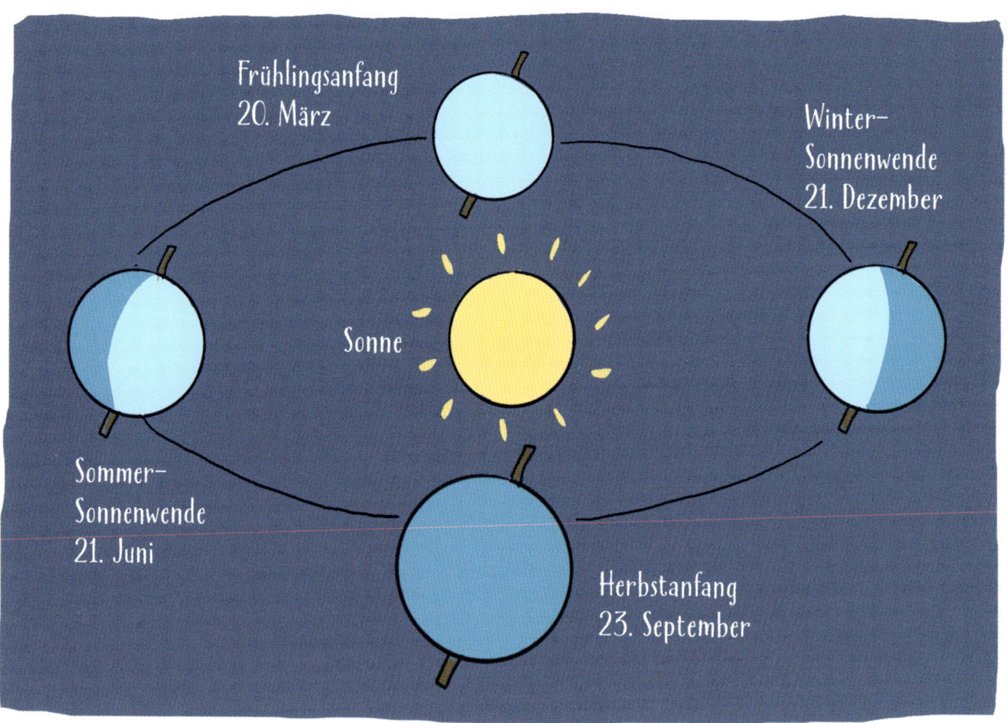

als ihr großes Fest. Der Geburtstag Jesu war für sie nicht so wichtig. Sie wussten auch nicht, an welchem Tag Jesus geboren worden war. Sie vermuteten, im Frühling, aber in der Bibel gibt es keine genauen Informationen dazu.

Trotzdem war der 25. Dezember damals bereits ein großer Feiertag im Römischen Reich: An ihm feierten die Römer den Geburtstag des römischen Sonnengottes, des Sol Invictus. Dieser Gott war ein Gott der Armee. Er war unbesiegbar und sein Kopf war von einem Strahlenkranz umgeben.

Es war kein Zufall, dass sein Geburtstag am 25. Dezember gefeiert wurde. Denn in dieser Dezemberwoche fand – und findet noch immer – in jedem Jahr die Winter-Sonnenwende statt. Die Sonne steht zu diesem Zeitpunkt senkrecht über dem Wendekreis der südlichen Erdhalbkugel – und wir in Europa erleben den kürzesten und dunkelsten Tag des Jahres. Mit der Winter-Sonnenwende werden die Tage dann zum Glück wieder länger. Im römischen Kalender war der 25. Dezember als Tag der Wintersonnenwende festgehalten. Er war also bei den Römern ein Tag der Freude und der Feiern. Im Zirkus fanden zu Ehren des Sonnengottes viele Wagenrennen statt und es gab Festfeuer. Es war der Tag, an dem die Sonne über die Finsternis siegte.

Endlich: Jesus' Geburtstag wird festgelegt!

Als sich das Christentum weiter im Römischen Reich verbreitete und die Christen nicht mehr verfolgt wurden, veränderte sich die Situation. Die Kirche setzte sich jetzt für einen festen Tag ein, an dem die Geburt Jesu gefeiert werden sollte. Nach ihren eigenen Berechnungen war das der 24./25. Dezember. Aus einem alten römischen Kalender aus dem Jahr 354 wissen wir, dass man zu dieser Zeit schon den 24./25. Dezember als Jesus' Geburtstag kannte. Später, als das Christentum die Hauptreligion im Römischen Reich wurde, wurde der 25. Dezember offizieller Feiertag. Die Feier des römischen Sonnengottes war damit abgeschafft. Aber etwas blieb von der Idee der Sonne im Weihnachtsfest erhalten: Denn die Christen verehrten mit Jesus auch jemanden, der Licht ins Dunkel gebracht hatte. In der Bibel sagt Jesus: »Ich bin das Licht der Welt.« Die älteste Weihnachtspredigt, die wir kennen, vergleicht Jesus' Geburt mit der Sonne, die vom Himmel herabsteigt. Diese Weihnachtspredigt ist über 1600 Jahre alt und wurde von einem christlichen Gelehrten mit dem Namen Johannes Chrysostomos verfasst. Auf Deutsch übersetzt bedeutet dieser Name »Goldmund«.

Tatsächlich feiern aber nicht alle Christen und Christinnen in der Welt das Weihnachtsfest an unserem 25. und 26. Dezember. Einige zählen ihre Monate weiterhin nach dem alten römischen Kalender. Nach diesem Kalender ist dann der 7. Januar der 25. Dezember. So wird zum Beispiel in den Kirchen Russlands, Serbiens, Ägyptens oder Armeniens Weihnachten am 7. Januar gefeiert.

Übrigens:

Nicht nur die Römer feierten die Wintersonnenwende und brachten sie mit Göttern oder etwas Göttlichem in Verbindung. Im alten Ägypten oder auch bei den Germanen wurde der Tag ebenfalls gefeiert. Bei den Germanen hieß er Mittwinterfest oder Julfest. Einige Bräuche dieses alten Julfestes verschmolzen später mit dem Weihnachtsfest. Deshalb heißt in den nordeuropäischen Sprachen Weihnachten auch »Jul«.

Jesus' Geburtstag wird zu Weihnachten

Um 500 nach Christus endete die Herrschaft der Römer. In Europa begann das Mittelalter. Nun wurde auch hier in den Kirchen am 24./25. Dezember die Geburt von Jesus gefeiert. Das geschah als ein Teil des Gottesdienstes und war noch kein großes Fest. Einige Jahrhunderte später tauchte auf einmal ein neues Wort auf. Wir kennen es aus einer alten Handschrift eines Liedes, das der Musiker Spervogel im 12. Jahr-

hundert geschrieben hat. Darin stand auf Mittelhochdeutsch: *ze den wîhen nahten*. Das heißt übersetzt: »zu den geweihten Nächten«. Damit waren die heiligen Nächte ab dem 24. Dezember gemeint. Daraus entwickelte sich schließlich unser Wort: Weihnachten. Weihnachten bedeutet also: Die geweihten, heiligen Nächte.

Seit dieser Zeit wurde Weihnachten langsam bekannter. Weil die meisten Menschen damals nicht lesen konnten, waren Bilder sehr wichtig. Künstler malten in den Kirchen große Wandgemälde mit der Weihnachtsgeschichte. Bildhauer formten Maria mit dem Jesuskind aus Stein oder Holz. So verbreitete sich die Geschichte von der Geburt Jesu in Bethlehem. 1223 hatte ein Mönch in Italien eine neue Idee, wie die

Menschen die Weihnachtsgeschichte kennenlernen sollten: Sie sollten zusammen mit den Tieren die Heilige Nacht so feiern, als wäre Jesus in dieser Nacht geboren. Der Mönch hieß Franz von Assisi. Franz legte gleich los und ließ eine Höhle mit Heu und Stroh auslegen. In die Mitte stellte er eine Krippe. Dann schickte er Schafe, einen Esel und einen Ochsen in die Höhle. Am Abend des 24. Dezember kam dann ein junges Paar als Maria und Josef mit einem neugeborenen Baby dazu – und viele Männer und Frauen, die in der Gegend lebten. Manche waren als Hirten verkleidet. Alle konnten nun sehen, fühlen und riechen, dass an Weihnachten Gott als ein kleiner Mensch auf die Erde gekommen war. Das berührte die Menschen sehr. Sie sangen und feierten die ganze Nacht, bis sie später in ihre Häuser zurückkehrten.

Was Franz von Assisi an Weihnachten gemacht hatte, sprach sich herum. Bald veranstalteten viele Kirchen und Orte an Heiligabend Krippenspiele, an denen die Weihnachtsgeschichte nachgespielt wurde. Bis heute wird in vielen Gottesdiensten am 24. Dezember ein Krippenspiel aufgeführt.

Neben dem Krippenspiel in der Kirche entwickelte sich ein weiteres Theaterspiel, das Weihnachtsspiel. Es fand draußen statt und oft war ein ganzes Dorf mit dem Nachspielen der Geschichte von Jesus beschäftigt.

Hast du schon einmal
bei einem Krippenspiel
mitgemacht?
Was war deine Rolle?

Weihnachtsmärkte

Bestimmt warst du schon mal auf einem Weihnachtsmarkt. Was hat dir am besten gefallen? Der Geruch von gebratenen Mandeln und von Zuckerwatte? Die Früchte, die von Schokolade umhüllt sind? Oder das alte, große Karussell oder die schönen Geschenkestände?

Weihnachtsmärkte gibt es schon sehr lange in Deutschland. Sie entstanden im Mittelalter. Damals gab es in den Städten noch keine Geschäfte, in denen man das, was man täglich brauchte, kaufen konnte. Dafür gab es Märkte, auf denen Händler ihre Waren anboten. Im Winter konnten die Menschen ihre Vorräte auf dem Markt zusammenkaufen.

Als das Weihnachtsfest bekannter wurde, kamen einige Händler auf die Idee, im Winter auch schöne Dinge für Weihnachten anzubieten: Äpfel, Nüsse, Süßigkeiten und Spielzeug oder auch Körbe. Daraus entstanden dann die Weihnachtsmärkte. Dafür wurde oft ein Platz bei einer Kirche gewählt. Das fanden die Händler praktisch, denn so konnten die Leute, wenn sie aus dem Gottesdienst kamen, gleich etwas auf dem Weihnachtsmarkt kaufen.

Es gibt sehr viele Weihnachtsmärkte, die alt und sehr bekannt sind.

Der älteste Weihnachtsmarkt überhaupt ist der Weihnachtsmarkt in Wien. In Deutschland ist es der Bautzener Weihnachtsmarkt, er ist über 600 Jahre alt. Andere sehr bekannte Weihnachtsmärkte, die von sehr vielen Menschen besucht werden, sind zum Beispiel der Dresdener Striezelmarkt, der Nürnberger Christkindlesmarkt, der Berliner Weihnachtsmarkt oder der Frankfurter Weihnachtsmarkt, früher auch Christkindchensmarkt genannt.

Weihnachten als Familienfest

Viele Jahrhunderte lang wurde Weihnachten in Deutschland anders gefeiert, als wir es heute kennen: Im Mittelalter war Weihnachten ein Fest der Kirche und des Glaubens. Weihnachten fand draußen mit vielen anderen Menschen statt. Weil die meisten Menschen damals nicht lesen konnten, wurde zum Beispiel die Weihnachtsgeschichte auf öffentlichen Plätzen und auf Straßen als Krippenspiel nachgespielt, wie du schon im vorigen Kapitel lesen konntest. Außerdem gab es Festumzüge und Weihnachtsmärkte. Für Weihnachten ging man damals hinaus auf die Straße.

Das änderte sich erst vor 200 Jahren. Inzwischen hatte sich die Gesellschaft weiterentwickelt. In den Städten lebten nun Menschen, die gut ausgebildet und gebildet waren. Sie verdienten genug Geld, um sich ein angenehmes Leben in der Stadt zu leisten. Sie hatten ein Kindermädchen, Dienstboten oder eine Köchin und fanden es schön, ins Theater zu gehen oder gemeinsam zu musizieren. Handwerkermeister, Kaufleute, Unternehmer, Ingenieure, Beamte, Lehrer, Ärzte oder Rechtsanwälte gehörten zum Beispiel zu dieser neuen Gruppe, die man als Bürgertum bezeichnete. Das Leben dieser Bürger und Bürgerinnen richtete sich nun stärker nach innen, auf die eigene Familie, auf die Kinder und auf das eigene Heim. Man wollte es gerne zu Hause schön und stilvoll haben und Feste feiern, die zum bürgerlichen Lebensstil passten.

So kam es, dass sich das Weihnachtsfest zu einem Familienfest entwickelte, das nach innen gerichtet war und zu Hause gefeiert wurde.

Genau wie das Jesuskind in der Lehre der Kirche im Mittelpunkt stand, konzentrierte sich jetzt das bürgerliche Weihnachten auf die Kinder. Sie bekamen leckere Süßigkeiten und Plätzchen und staunten über die Kerzen am Tannenbaum, die vom Vater angezündet worden waren.

In jeder Familie gab es an Heiligabend ein eigenes Programm. Meistens ging die Familie zusammen nachmittags in den Gottesdienst in die Kirche. Zu Hause gab es ein Abendessen, es wurden Weihnachtslieder gesungen und musiziert. Dann mussten die Kinder in einem anderen Raum warten, bis sich die Tür zum Weihnachtszimmer öffnete. Die Kerzen am Baum brannten und es lagen Geschenke unter dem Baum. Auch heute erlebt jedes Kind den Heiligabend etwas anders. Wie wird bei euch Weihnachten gefeiert?

Wie der Tannenbaum ins Wohnzimmer kam

Mit dem bürgerlichen Weihnachtsfest wurde der Tannenbaum im Wohnzimmer beliebt. Zwar gab es schon vorher Tannenbäume zu Weihnachten, zum Beispiel im Elsass, einer Gegend, die heute zu Frankreich gehört.

Auch an einigen Fürstenhöfen waren Weihnachtsbäume beliebt. Denn im Winter, wenn nichts blühte, wollte man gerne etwas Grün im Haus haben. Das erinnerte die Menschen daran, dass nach der dunklen Jahreszeit irgendwann wieder die Sonne kommen würde und mit ihren Strahlen Blumen und Leben.

Doch gab es damals in Deutschland nur sehr wenige Tannenbäume. Sie waren deshalb teuer. Die meisten konnten sich einen Weihnachtsbaum nicht leisten. Einer der Ersten, die von einem Weihnachtsbaum schrieben, war der deutsche Schriftsteller Johann Wolfgang von Goethe. Er schrieb von einem »aufgeputzten Baum mit Wachslichtern, Zuckerwerk und Äpfeln«. Sein Romanheld fühlte ein »paradiesisches Entzücken«, als er den Baum sah. Das war vor 250 Jahren.

Seitdem kam der Weihnachtsbaum immer mehr in Mode. Es wurden sogar eigene Tannen- und Fichtenwälder angelegt, damit es genug Weihnachtsbäume gab. Zunächst schmückten die Familien ihren Baum mit Äpfeln, mit Nüssen, mit Gebäck oder mit Bonbons – der Dichter E.T.A Hoffmann nannte

Übrigens:

Auch zu Kriegszeiten war der Weihnachtsbaum wichtig. Als Deutschland gegen Napoleon kämpfte, wurden deutsche Fahnen und auch Militärhelme in den Baum gehängt. Im deutsch-französischen Krieg wurden Weihnachtsbäume in den Lazaretten für die verwundeten Soldaten aufgestellt. Im Krieg war die Hoffnung auf den Frieden besonders stark mit dem Weihnachtsbaum verbunden.

das »Naschwerk«. Außerdem machten die Kinder in der Adventszeit eigenen Baumschmuck. Sie vergoldeten oder versilberten Nüsse, bastelten Sterne zum Aufhängen aus Stroh oder Papier oder fertigten bunte Papierketten an. Schließlich kamen auch Lametta, Figuren aus Holz, Zinn oder anderen

Materialien und Christbaumkugeln aus Glas auf den Markt. Die Glaskugeln aus Thüringen wurden besonders bekannt.

Sogar in Amerika übernahm man nun die deutsche Tradition des geschmückten Weihnachtsbaumes – und entwickelte noch dazu die elektrische Christbaumbeleuchtung.

Der Tannenbaum wurde das neue Erkennungszeichen des deutschen Weihnachtsfestes. Er hatte nicht mehr direkt mit der Kirche und der christlichen Religion zu tun, sondern stand mit seinen leuchtenden Kerzen und seinem glänzenden Schmuck für das Leben in der dunklen Jahreszeit und für ein besonderes Familienfest.

Übrigens:

In den Vereinigten Staaten von Amerika gibt es den Brauch, eine aus Glas geblasene Weihnachtsgurke versteckt zwischen den Zweigen des Tannenbaums zu hängen. Am Weihnachtsmorgen rennt dann die Familie zum Christbaum. Wer die Gurke als Erstes findet, bekommt ein Geschenk. Keiner weiß, woher der Brauch mit der Weihnachtsgurke kommt. Vielleicht aus Deutschland, wie viele Amerikaner vermuten?

Was schenkten sich die Menschen früher zu Weihnachten?

Bei den Bauern waren praktische Geschenke gefragt: Kleidung, Schuhe, Socken oder Brot. Manchmal bekam der Bauer auch Tabak. Manche Bauern schenkten ihren Tieren etwas zu Weihnachten, zum Beispiel Nüsse oder Früchte. Knechte, Mägde und Dienstboten bekamen Schuhe, Stiefel oder Kleidung, die Mägde vielleicht auch Bettwäsche, Stoff oder Schürzen. In der bürgerlichen Familie verschenkten die Frauen und Mädchen gerne selbst gemachte Handarbeiten. Und die Kinder bekamen zum Beispiel einen Brummkreisel, ein Schaukelpferd, eine Puppe oder eine Trompete. Und natürlich gab es für alle Äpfel und Plätzchen.

Festliches Schmücken

In der Weihnachtszeit schmücken wir unsere Wohnungen, den Kindergarten, die Schule oder die Büros mit schönen Dingen. An vielen Fenstern leuchten Sterne oder Lichterketten. Kinder und Erwachsene basteln Sterne aus Papier oder aus Stroh und hängen sie in Sträuße aus Tannenzweigen. Es gibt Weihnachtsmänner, Schneemänner und Elche zum Aufstellen. Manche Familien haben eine Weihnachtspyramide. Das ist ein Lichtgestell aus Holz mit einer drehbaren

Innenseite mit Holzfiguren. Das kann eine holzgeschnitzte Krippe mit Jesus und Maria und Josef sein, ein Engelschor, ein Weihnachtsmarkt oder etwas anderes. An den Seiten des Gestells befinden sich vier Kerzen und obendrüber ein Flügelrad. Werden die Kerzen angezündet, steigt die heiße Luft nach oben, das Flügelrad beginnt sich zu drehen und somit dreht sich die Krippe. Die Weihnachtspyramide bringt Wärme und Ruhe in die Weihnachtsstube. Weihnachtspyramiden sind vor etwa 500 Jahren im Erzgebirge entstanden. Das ist eine Gegend in Sachsen, die viele als das deutsche Weihnachtsland bezeichnen. Hier wurde seit dem Mittelalter Bergbau betrieben. Weil man da vor allem im Winter nicht viel arbeiten konnte und die Bergleute deshalb nicht genügend Geld verdienten, begannen sie und ihre Familien sich mit Schnitzereien und Handarbeiten zusätzlich etwas zu verdienen. So entstand eine neue Weihnachtskunst, die auch außerhalb Deutschlands sehr gefragt war.

Neben der Weihnachtspyramide sind die Nussknacker aus dem Erzgebirge bekannt geworden. Hast du schon einmal einen solchen Nussknacker gesehen? Es sind Holzfiguren mit einem großen Mund und großen Zähnen. In den Mund kannst du eine Nuss schieben. Drückst du hinten auf seinem Rücken kräftig einen Hebel, springt die Schale der Nuss auf und du kannst sie essen. Nussknacker sehen oft etwas aus wie der Wachtmeister Dimpfelmoser beim Räuber Hotzenplotz oder wie ein altertümlicher Offizier: Sie tragen eine Uniform, oft einen Säbel und einen Helm. Als die Nussknacker vor über 150 Jahren populär wurden, wollte man damit zeigen, dass auch höhergestellte Personen für die einfachen Menschen einen Dienst übernehmen können: Und das zeigte man, indem man sie eine Nuss knacken ließ. Viele Familien besitzen auch eine Weihnachtskrippe mit Maria, Josef und dem Jesuskind, die in der Adventszeit aufgestellt wird.

Die Weihnachtskrippe

Der Evangelist Lukas berichtet uns in der Bibel, dass Maria Jesus nach seiner Geburt in eine Krippe legte. Lukas schrieb die Weihnachtsgeschichte in der damals von ihm gesprochenen Sprache, in Griechisch. Das griechische Wort, das er für Krippe benutzte, kann mehreres heißen: Es kann den Aufenthaltsort oder auch die Futterstelle für Tiere bedeuten, das kann drinnen oder draußen sein. Das deutsche Wort »Krippe«, das in unserer deutschen Bibel steht, entstand erst Jahrhunderte später. Es kann ein Stall sein, aber auch ein Futterplatz für Tiere. Weil Menschen die Bibel in unterschiedlichen Sprachen lesen, kann die Weihnachtsgeschichte deshalb auch unterschiedlich abgebildet werden. So gibt es manchmal Bilder von Maria und Josef mit dem Jesuskind in einem Stall, unter freiem Himmel oder auch in einer Höhle.

So, wie im Mittelalter Krippenspiele beliebt wurden, entstanden vor ungefähr 500 Jahren auch Krippenfiguren. Vor allem im heutigen Bayern, in Österreich und Südtirol gab es Holzschnitzer, die liebevoll und mit viel Fantasie, Kunst und Können die Heilige Familie schnitzten. Sie schufen lebensgroße Figuren mit Kleidern aus kostbaren Stoffen wie Seide oder Samt. Die Krippenfamilien wurden in den Kirchen und Kapellen aufgestellt. So konnten die gläubigen Menschen zur Weihnachtszeit in die Kirche gehen und die Weihnachtsgeschichte kennenlernen. Alle Krippen sind gleich aufgestellt: Das Jesuskind liegt natürlich in der Mitte in der Krippe, an seiner linken Seite sitzt Maria, daneben befinden sich der Ochse und die Hirten. An der rechten Seite steht Josef, außerdem der Esel und die Heiligen Drei Könige. Später wurden die Krippenfiguren auf Plätzen und Weihnachtsmärkten aufgestellt und kamen schließlich seit dem 19. Jahrhundert als kleine Hauskrippen auch in die Wohnzimmer der bürgerlichen Familie. Vor ungefähr 100 Jahren entstand in Deutschland sogar ein richtiger »Krippenboom«, mit Messen und Wettbewerben für die schönste Krippe. Krippenfans konnten die Zeitschrift »Der Krippenfreund« lesen. Neue Figuren kamen hinzu – Engel, Katzen, Vögel, Pferde, Hunde, Kamele oder sogar Elefanten. Das Material veränderte sich. Krippenfiguren können aus Holz, Ton, Papier, Plastik oder Knete sein.

Und schließlich darf eine Figur in der Weihnachtszeit nicht fehlen: Die Engel, diese wunderbaren Wesen mit Flügeln, weißen oder silbernen Kleidern und langen braunen oder blonden Haaren.

Was haben Engel mit Weihnachten zu tun?

Der Evangelist Lukas berichtet in der Bibel, wie nach der Geburt Jesu ein Engel zu den Hirten auf dem Feld tritt und spricht: »Fürchtet euch nicht!« Er gibt den Hirten den Tipp, dass sie den neugeborenen Jesus in einer Krippe finden können. Und nachdem er ihnen diesen Hinweis gegeben hat, kommt ein gewaltiger Engelschor vom Himmel und singt ein Lied zum Lob Gottes. In der Weihnachtsgeschichte wird deutlich: Engel sind Botschafter Gottes. Sie bringen Gott und die Menschen zusammen; sie verbinden Himmel und Erde. Wo Engel sind, da gibt es etwas Gutes und Helles in der dunklen Welt. Deshalb gehören Engel unbedingt zum Weihnachtsfest dazu!

falten

falten

Bastel deine eigene Weihnachtskrippe

Anleitung: Kopiere diese Doppelseite auf weißes Papier. Klebe das Papier auf feste Pappe und male die Krippenfiguren aus. Schneide dann die Figuren aus und knicke die Ständer nach hinten – fertig ist deine Krippe! Vielleicht hast du noch einen Schuhkarton, den du als Stall benutzen kannst?

Das Fest der Liebe

Christen feiern an Weihnachten die Geburt ihres Heilandes Jesus Christus. Oft wird Weihnachten aber auch das Fest der Liebe genannt. Warum? Wie hängt das Fest der Liebe mit der Geburt von Jesus Christus zusammen?

Die meisten Menschen feiern Weihnachten zusammen mit Menschen, die sie gernehaben – mit ihren Kindern, Eltern, Großeltern, Geschwistern, mit Onkeln, Tanten, Cousinen und Cousins, anderen Verwandten oder mit Freunden. Natürlich gibt es da auch Streit und Stress. Aber im Allgemeinen möchte man es schön zusammen haben und die Feiertage entspannt genießen. Man möchte sich bei denen, die man gernehat, einmal im Jahr bedanken und ihnen zeigen, wie wichtig sie für uns sind: Deshalb backen wir Plätzchen und machen uns Gedanken um ein leckeres Essen, das allen schmeckt. Und darum überlegen wir uns Geschenke, die die andere Person erfreuen und die zu ihr passen. Wenn wir zum Beispiel etwas selbst basteln oder malen, schenken wir auch etwas von uns an andere.

Ein Geschenk ist ein Geschenk und mehr: Es ist die Sache, die wir uns gewünscht haben – oder die sich die andere Person so sehr gewünscht hat. Ein passendes Geschenk zu verschenken ist doppelte Freude: Der Beschenkte freut sich, und ich als schenkende Person freue mich darüber, dass ich der anderen Person eine Freude gemacht habe. Sich zu be-

schenken hat etwas mit Liebe zu tun: Wenn ich ein Geschenk überreiche, zeige ich dem oder der Beschenkten, dass ich diese Person schätze und dass wir jetzt und hoffentlich auch in der Zukunft eine schöne Beziehung miteinander haben.

Geschenke und Weihnachten passen also gut zusammen, und deshalb kann Weihnachten auch gefeiert werden, wenn man nicht christlich ist. Für christliche Menschen kommt noch etwas dazu: Das Leben von Jesus ist für sie ein Beispiel von Gottes Liebe. In der Bibel steht: »Denn die Liebe ist von Gott, und wer liebt, der ist aus Gott geboren und kennt Gott« und »Du sollst deinen Nächsten lieben wie dich selbst«.

Deshalb haben Christen und Christinnen schon früh begonnen, sich wie Jesus um Menschen zu kümmern, die arm, krank oder in Not waren. Weihnachten ist auch deshalb ein Fest der Liebe, weil man in der dunklen Jahreszeit an die denkt, denen es nicht so gut geht: Menschen, die einsam und alleine, krank oder arm sind oder die sich gerade in einem Krieg befinden und leiden. Wir können versuchen, ihnen etwas Gutes zu tun und ihnen Freude zu bringen. Vielleicht habt ihr schon einmal Weihnachtslieder in einem Alten- oder Pflegeheim gesungen? Oder Spenden für Kinder in armen Ländern gesammelt? Wenn wir an Weihnachten nicht nur an uns denken, erleben wir das Fest der Liebe.

Übrigens:

An Weihnachten wird in den Kirchen auch dafür gebetet, dass überall da, wo Krieg geführt wird, Frieden werden möge. Im Ersten Weltkrieg wurde an Weihnachten tatsächlich Unmögliches wahr: Am 24. Dezember 1914 gab es eine Waffenruhe. Einige verfeindete deutsche und britische Soldaten verbrüderten sich und es wurde sogar ein gemeinsamer Gottesdienst gefeiert.

Warten auf den Weihnachtsmoment

Was ist für dich der aufregendste Moment an Weihnachten?

Für viele Kinder – und für Erwachsene, die sich an ihre Kindheit erinnern – ist es der Moment kurz vor der Bescherung. Ihr wart vielleicht schon als Familie im Gottesdienst, seid nach Hause zurückgekommen und habt Kartoffelsalat mit Würstchen gegessen. Dann wollten deine Mutter oder dein Vater allein sein. Es ist Ruhe im Haus eingekehrt und du hast gewartet. Und wie du haben viele Kinder auf diesen Moment gewartet: Wenn endlich ein Glöckchen klingelt, ein Weihnachtslied erklingt oder die Tür zum Wohnzimmer mit dem Weihnachtsbaum und seinen brennenden Kerzen oder Lichtern geöffnet wird. Bei manchen steht auch noch das Fenster einen Spalt offen und das Christkind ist gerade eben weggeflogen. Niemand hat es gesehen, aber zum Glück hat es die Geschenke unter den Tannenbaum gelegt.

Die deutsche Dichterin Anna Ritter schrieb vor über 120 Jahren ein Gedicht über das Christkind, das heute zu den bekanntesten Weihnachtsgedichten gehört:

Vom Christkind

Denkt euch, ich habe das Christkind gesehen!
Es kam aus dem Walde, das Mützchen voll Schnee,
mit gefrorenem Näschen.
Die kleinen Hände taten ihm weh,
denn es trug einen Sack, der war gar schwer,
schleppte und polterte hinter ihm her.
Was drin war, möchtet ihr wissen?
Ihre Naseweise, ihr Schelmenpack -
denkt ihr, er wäre offen der Sack?
Zugebunden bis oben hin!
Doch war gewiss etwas Schönes drin!
Es roch so nach Äpfeln und Nüssen!

Anna Ritter

Das Christkind

An Heiligabend kommt zu vielen Kindern im Süden und Westen Deutschlands, in Österreich und in der Schweiz das Christkind.

Wir wissen nicht so viel über das Christkind, denn es will nicht gesehen werden und bleibt gerne unsichtbar. Aber es gibt Bilder, Berichte und Erzählungen über das Christkind. Und es gibt Gedichte wie das Gedicht »Vom Christkind« von der Dichterin Anna Ritter, das sie vor über 100 Jahren schrieb.

So wissen wir, dass das Christkind einerseits dem neugeborenen Jesus ähnlich sieht. Andererseits sieht es etwas aus wie ein Engel, mit einem langen weißen Kleid, mit Flügeln und langem blonden Haar.

Seit etwa 500 Jahren scheint es nun schon Geschenke am 24. Dezember zu den Kindern zu bringen. Das soll auf den evangelischen Kirchenreformer Martin Luther zurückgehen. Zu seiner Zeit war es noch gebräuchlich, dass der Nikolaustag der große Geschenkeabend für Kinder und Familien war. Das störte Luther, denn für ihn war der Abend, an dem Jesus geboren worden war, der wichtigste Tag im Leben eines Christenmenschen.

Also sollte es an Heiligabend Geschenke geben! Und so entwickelte es sich nach und nach. Das Christkind brachte Geschenke am 24. Dezember und der Nikolaus am 6. Dezember.

Und du kannst dem Christkind in der Vorweihnachtszeit sogar schreiben:

Schicke einen Brief oder ein Postkarte an:

Denke an die richtige Briefmarke und an deine Adresse, damit dir das Christkind auch antworten kann!

Der Weihnachtsmann

Alle kennen den Weihnachtsmann und sicherlich hast du auch schon einmal einen Schokoladenweihnachtsmann geschenkt bekommen und gegessen. Aber kommt der Weihnachtsmann mit seinem Geschenkesack auch zu dir an Heiligabend? Bei vielen Kindern, vor allem denen, die in der Mitte, im Norden oder im Osten Deutschlands wohnen, ist er an Heiligabend fleißig unterwegs.

Im Gegensatz zum Christkind kann man ihm auch hin und wieder einmal begegnen, zum Beispiel bei einem Spaziergang im Wald oder auch abends in den Straßen. Er sieht aus wie ein netter alter Großvater, mit einem langen weißen Bart, einem roten Mantel und einer Kapuzenmütze und er hat immer dunkle Stiefel an.

Eigentlich sieht er sogar dem Nikolaus sehr ähnlich. Und das ist kein Zufall: Ihr habt ja auf Seite 37 lesen können, dass der Nikolaus in den Niederlanden als Sinterklaas bezeichnet und gefeiert wird. Als im 17. Jahrhundert verschiedene Niederländer nach Amerika auswanderten, nahmen sie auch den Brauch ihres Nikolausfestes in die Neue Welt mit. Aus ihrem niederländischen Sinterklaas wurde dann allmählich der amerikanische Santa Claus – und der brachte seine Geschenke auch irgendwann in der Nacht zum 25. Dezember, und nicht mehr am 6. Dezember.

Und dann geschah noch etwas. 1931 startete die Firma Coca Cola eine Werbekampagne für sich und den Weihnachtsmann. Denn die Farben Rot und Weiß als Farben von

Coca Cola und als Farben des Weihnachtsmannes passten perfekt zusammen. Und so wurde der Weihnachtsmann mit seinem roten Mantel und seinem weißen Bart in Amerika berühmt. Das heißt aber nicht, dass Coca Cola den Weihnachtsmann erfunden hat. Denn den Weihnachtsmann gab es ja schon viel früher.

Und auch heute kannst du ihm in der Vorweihnachtszeit einen Brief mit Wünschen schreiben – und zwar nicht bis Amerika.

Schreib einfach an:

Vergiss nicht, genügend Porto auf den Brief zu kleben und deinen Absender aufzuschreiben!

Der Weihnachtsgottesdienst

Viele Menschen besuchen an Heiligabend gerne einen Gottesdienst in einer christlichen Kirche. Das ist meistens eine evangelische oder eine katholische Kirche, es gibt aber auch andere christliche Kirchen, die Weihnachtsgottesdienste anbieten. Sie gehen allein, zu zweit, mit Freunden, mit Familie oder Kindern. Nach der Adventszeit, nach vielen Terminen und Vorbereitungen, ist der Gottesdienst ein Ruhepunkt: Jetzt kommt endlich das Weihnachtsfest, nun sind Stress und Hektik vorbei – Zeit, gemeinsam zu feiern!

An Weihnachten in die Kirche zu gehen, ist etwas Besonderes. Schon das Kirchenglockenläuten vor dem Weihnachtsgottesdienst ist kräftig, festlich und vielstimmig. In der Kirche steht fast immer ein großer Weihnachtsbaum, der mit Sternen geschmückt ist. Der Kirchraum ist dunkel und es brennen Kerzen. Wenn alle zusammen singen, erfüllt eine große Weihnachtsfreude die Kirche und die Gemeinschaft.

Familien mit Kindern gehen häufig bereits am späten Nachmittag oder frühen Abend des 24. Dezember in den Gottesdienst. Oft gibt es einen Gottesdienst, der extra für Familien gestaltet wird. Es wird die Geschichte von Jesus' Geburt aus der Bibel vorgelesen und sehr häufig wird ein Krippenspiel durch Kinder des Kindergartens oder die Konfirmanden auf-

geführt (*Näheres zum Krippenspiel findest du auf S. 78). Natürlich werden bekannte Weihnachtslieder zusammen gesungen. Man kann aber ebenso am frühen Abend in einen Gottesdienst ohne Krippenspiel gehen. Dieser Gottesdienst wird manchmal noch als Christvesper bezeichnet. Das Wort vesper kommt aus dem Lateinischen und bedeutet Abend. Auch in diesem Gottesdienst wird die Weihnachtsgeschichte aus der Bibel vorgelesen. Anschließend teilt der Pfarrer oder die Pfarrerin allen, die im Gottesdienst sind, ein paar Gedanken zum Nachdenken mit. Man nennt das die Predigt. Zwischendrin wird in allen Gottesdiensten gebetet, unter anderem das wichtigste Gebet der Christen, das Vaterunser. Es werden Weihnachtslieder gesungen und am Ende gehen alle Gottesdienstbesucher mit einem Segen nach Hause.

Manche finden es schöner, am 24. Dezember nach dem Essen und nach der Bescherung in einen Gottesdienst um elf oder zwölf Uhr zu gehen – also zu dem Zeitpunkt, wo Jesus geboren wurde. Diese Gottesdienste heißen Christmette oder Christnacht. Früher wurde in diesen Gottesdiensten vor allem gebetet.

Heutzutage ist die Stimmung ruhig und festlich und es gibt viel Musik: Entweder singen alle, die in der Kirche sind, zusammen Weihnachtslieder. Es kann aber auch ein Chor singen oder es gibt Weihnachtsmusik mit verschiedenen Instrumenten. Weihnachtsgottesdienste gibt es ebenfalls am ersten und zweiten Weihnachtstag, am 25. und 26. Dezember. In ihnen können die Erwachsenen das Abendmahl oder die Eucharistie feiern.

Übrigens:

Die Glocke ist besonders mit Weihnachten und der Geburt Jesu verbunden. Mit ihrem Schwingen verbindet sie Himmel und Erde, wie Jesus, der als Gottessohn auf der Erde geboren wurde. Viele Kirchen haben zu Weihnachten ein Extrageläut, das nur zu Weihnachten gespielt wird.

Weihnachtslieder

Die ersten Weihnachtslieder entstanden im Mittelalter. Es waren Gesänge auf Lateinisch, die die Priester in den Weihnachtsgottesdiensten um Mitternacht vorsangen. Das veränderte sich erst durch Martin Luther und die Reformation vor 500 Jahren. Martin Luther brachte nicht nur die deutsche Sprache in die Kirchen, sondern nun durften auch die Gottesdienstbesucher mitsingen. Er liebte Musik und schrieb selbst Weihnachtslieder. Eines ist noch heute sehr bekannt und wird in der Kirche gesungen: *Vom Himmel hoch, da komm ich her!* Nach Martin Luther und der Reformation entstanden neue Weihnachtslieder auf Deutsch. Sie wendeten sich an Jesus in der Krippe und brachten ihren Glauben an ihn zum Ausdruck. Zunächst wurden sie zu Hause bei Andachten und kleinen Gottesdiensten gesungen. Weiterhin entstanden Hirtenlieder und Weihnachtslieder für Kinder, wie *Ihr Kinderlein kommet*. Der katholische Pfarrer Christoph Schmid schrieb dieses Lied im Jahr 1789, um Kindern die Weihnachts-

Eines der bekanntesten Weihnachtslieder:

O du fröhliche

Der Dichter Johannes Daniel Falk schrieb 1815 das bekannte Weihnachtslied *O du fröhliche*. Obwohl es in dem Lied um Weihnachtsfreude geht, hatte es einen traurigen Hintergrund: Vier Kinder von Falk waren gerade an einer schlimmen Krankheit gestorben und er hatte Waisenkinder, die im Krieg viel Schlimmes erlebt hatten, in sein Haus aufgenommen. Für diese Kinder schrieb er *O du fröhliche*.

geschichte nahezubringen. Als im 19. Jahrhundert Weihnachten das deutsche Familienfest wurde, veränderten sich die Weihnachtslieder erneut. Die Melodien und Texte wurden einfacher. Oft drückte sich in ihnen Weihnachtsstimmung aus. Manche Menschen begannen sogar zu weinen, wenn sie Lieder wie *Stille Nacht, Heilige Nacht* hörten.

Das Weihnachtsessen

Für viele ist es der Höhepunkt des Weihnachtsfestes: Das festliche Weihnachtsessen zusammen mit der Familie oder mit Freunden. Das kann viele Stunden dauern. Was dann auf den Tisch kommt, ist bei jeder Familie anders und hat sich oft über den Lauf der Zeit als eine eigene Familientradition entwickelt:

Die einen starten den Heiligen Abend mit Raclette, andere mit Kartoffelsalat und Würstchen und wieder andere essen Fisch. Bei manchen Familien darf das Essen am Abend des 24. Dezember nicht zu aufwendig sein oder zu lange dauern – denn danach kommt ja die Bescherung mit Geschenken. Bei diesen Familien wird dann oft am ersten oder zweiten Weihnachtsfeiertag richtig lang und festlich gespeist, mit einer feinen Tischdecke und Kerzen. Es gibt aber auch Familien, bei denen ist es genau andersherum: Sie bereiten schon zu Heiligabend ein aufwendiges Essen vor und essen dann an den anderen Weihnachtsfeiertagen Reste oder lassen es sich dann bei Besuchen schmecken. Beim Essen selber gibt es ebenfalls viele Traditionen in Deutschland. Am bekanntesten ist vielleicht der Gänse- oder Entenbraten, den gibt es oft klassisch mit Rotkohl und Klößen.

Was hat man früher zu Weihnachten gegessen?

Früher, in der Zeit des späten Römischen Reiches und im Mittelalter, gab es noch keine Weihnachtsessen. Es war aber üblich, dass die Christen und Christinnen vor Weihnachten fasteten. Dann aßen und tranken sie nur wenig, kein Fleisch und keinen Alkohol. Mit dem Fasten begannen sie nach dem Martinstag am 11. November. Die Fastenzeit war 40 Tage und 40 Nächte lang. So lange hatte auch Jesus in der Wüste gefastet. Das Ende der Fastenzeit war dann mit Weihnachten am 25. Dezember. Der Heiligabend war also der letzte Tag der Fastenzeit – und deshalb aßen die Menschen früher auch Fisch und kein Fleisch. Es gab zum Beispiel den Karpfen blau, mit Meerrettichcreme, mit Äpfeln, Sahne und Kartoffeln, Hering oder Forelle. Und wenn dann am ersten Weihnachtstag die Fastenzeit zu Ende war, wurde endlich geschmaust!

Neben dem Gänsebraten gab es das Weihnachtsschwein. Das wurde seit dem Martinstag so viel gefüttert, bis es an Weihnachten dick und rund war. Dann wurde es geschlachtet. Familienmitglieder, Freunde und Nachbarn bekamen alle etwas von dem Schwein ab und freuten sich über die Weihnachtswürstchen. Die Kinder erhielten die Schweinsblase zum Spielen. Und manchmal wurde dann sogar der Schweinekopf als schöne Verzierung auf den Festtagstisch gesetzt.

Im Vergleich zu früheren Zeiten hat sich heute die Bedeutung des Fleischessens verändert. Viele möchten kein Fleisch mehr essen. Sie müssen aber nicht auf ein festliches Menü verzichten, denn es gibt mittlerweile auch leckere vegetarische und vegane Weihnachtsgerichte: Zum Beispiel den Nussbraten oder das Blumenkohlschnitzel.

Weihnachten war im Mittelalter nicht nur ein Fest für Reiche. Es war üblich, dass diejenigen, die genug hatten, in der Weihnachtszeit etwas an Arme, Bettler, Kranke oder Obdachlose abgaben. Das konnte Essen sein, aber auch Kleidung oder Geld. Man nannte das Armenspeisung.

Was kommt wo auf den Weihnachtstisch?

Nicht überall ist der Gänse- oder Schweinebraten das traditionelle Weihnachtsgericht. In vielen Gegenden Italiens isst man zum Beispiel am ersten Weihnachtstag mit Fleisch gefüllte Ravioli oder auch Lamm. In der Schweiz wird zu Weihnachten gerne ein Fleischfondue gegessen; in Schweden, Norwegen, Dänemark oder Finnland gibt es Weihnachtsgrütze. In mehreren Ländern ist der gefüllte Truthahn als Weihnachtsessen sehr beliebt: in Frankreich, in Spanien, in England oder in den USA.

Übrigens:

In England, Irland, Schottland und einigen anderen englischsprachigen Ländern gibt es einen eigenen Weihnachtspudding. Das ist ein gekochter Pudding, der aus trockenen Früchten, aus Nüssen, aus Gewürzen, Eiern, Brotresten und Rindernierenfett besteht. Trockene Früchte wurden früher auf Englisch als »plum« bezeichnet, deshalb heißt der Weihnachtspudding auch »Plumpudding«. Der Plumpudding ist dunkel. Wenn er auf dem Tisch serviert wird, übergießt man ihn etwas mit Alkohol und zündet diesen an. Das ergibt dann eine schöne Flamme.

Wie wird Weihnachten in anderen Ländern gefeiert?

Es sind vor allem unsere nördlichen Nachbarländer, die Weihnachten mit Heiligabend am 24. Dezember und der Bescherung unterm Tannenbaum feiern. Das hat mit Martin Luther und der Reformation zu tun, die sich auch in Dänemark, Schweden, Norwegen und Finnland durchsetzte. Doch auch in Nordeuropa hat jedes Land seine eigenen Weihnachtstraditionen. In Finnland liegt an Weihnachten oft viel Schnee und es ist sehr kalt. Dann finden es viele Finnen sehr gemütlich, an Heiligabend erst einmal zusammen in die Sauna zu gehen und zu schwitzen. Danach ist man dann weihnachtsentspannt.

Anders in Norwegen: Hier ist vor Heiligabend Hektik angesagt und alle Besen und Wischmops im Haus müssen rasch versteckt werden. Warum? Die Norweger befürchten, dass in dieser besonderen Nacht Geister und Hexen unterwegs sind. Sie könnten die Besen stehlen, mit ihnen in den weihnachtlichen Nachthimmel fliegen und Unsinn anstellen. Das will niemand an Weihnachten riskieren – also, vorher schnell weg mit den Besen!

Auch in Dänemark muss man da-

für sorgen, dass am Weihnachtsabend kein Chaos ausbricht. Denn in den dänischen Wohnungen sind zu dieser Zeit Weihnachtswichtel unterwegs. Sie sind klein, tragen eine rote Mütze und einen weißen Bart. Auf Dänisch heißen sie »Julenisser«, in Schweden Juletomte. Sie helfen dem Weihnachtsmann bei allen Vorbereitungen. Dazu gehört Geschenke einpacken. Da gibt es viel zu tun. Als ein kleines Dankeschön für ihre unsichtbare Hilfe stellen dänische Familien deshalb in der Adventszeit gerne ein Schüsselchen Milchreis in die Wohnung. Darüber freuen sich die Julenisser sehr. Na-

türlich hat noch nie jemand gesehen, wie sie den Milchreis ausschlecken – man findet nur die leeren Schüsselchen am nächsten Morgen. Sind die Julenisser mit ihrer Arbeit fertig, beginnt der Heiligabend mit dem Weihnachtsessen. Danach wird erst einmal eine Runde um den Weihnachtsbaum getanzt, bevor es an das Geschenkeauspacken geht.

Wie in Norwegen, ist auch in Italien zu Weihnachten eine Hexe von Bedeutung. Diese Weihnachtshexe heißt Befana und sie ist in der Nacht vom 5. auf den 6. Januar aktiv. In Italien wird Weihnachten nämlich erst am 6. Januar gefeiert. Dann, so erzählt man es sich, fliegt sie auf dem Besen durch die Nacht und sucht das Jesuskind. Dabei kommt sie nachts durch den Schornstein in die Wohnungen und legt den Kindern Süßigkeiten und Geschenke in die Strümpfe oder Schuhe. Manchmal finden Kinder am nächsten Morgen ein schwarzes Kohlenstück aus Zucker in ihrem Strumpf. Dann wissen sie: Nächstes Jahr soll ich nicht mehr so viel Unfug machen.

Die Lichterkönigin Lucia

Am 13. Dezember leuchtet ganz Schweden hell und weiß. Es wird das Luciafest gefeiert. Das ist ein Lichterfest, das auf die Heilige Lucia zurückgeht. Lucia war eine Christin, die knapp 300 Jahre nach Christus' Geburt auf Sizilien lebte. Zu dieser Zeit wurden die Christen im Römischen Reich noch verfolgt. Deshalb mussten sich viele Christen vor ihren Verfolgern, den Römern, verstecken. Viele versteckten sich in unterirdischen Höhlengängen unter der Stadt. Dorthin brachte ihnen Lucia, so wird es jedenfalls erzählt, Essen und Trinken, damit sie nicht verhungerten. Damit sie genug zu den versteckten Christen bringen konnte, setzte sie sich einen Kranz mit Kerzen auf den Kopf. So hatte sie die Hände zum Tragen frei und konnte zugleich die dunklen Höhlengänge erleuchten. Später wurde sie an die Römer verraten und hingerichtet.

Zur Erinnerung an diese besondere junge Frau wird in Schweden seit ungefähr 250 Jahren mitten in der dunklen Adventszeit am 13. Dezember der Luciatag gefeiert. Das ist ein großes Ereignis. Überall in den Städten und Dörfern Schwedens gibt es Mädchen, die für einen Tag die Lucia sein dürfen. Sie zieht dann mit ihren Begleiterinnen und Begleitern durch die Straßen, durch Dörfer und Städte, oder besucht Kindergärten, Büros und Krankenhäuser.

Die Lucia hat ein weißes Gewand mit einem roten Gürtel an, auf dem Kopf trägt sie einen Kranz mit Kerzen. Sie sieht aus wie eine Lichterkönigin. Und das ist sie auch, denn sie bringt Glanz und Freude in den dunklen Winter. Früher trugen die Lucias echte Kerzen auf dem Kopf. Das war gefährlich, sie musste sehr vorsichtig beim Gehen sein. Heute trägt sie oft einen Kranz mit elektrischen Lichtern. Eine Gruppe von Mädchen und Jungen begleitet die Lucia. Alle tragen weiße Gewänder und die Jungen haben spitze Hüte mit einem Stern auf. Während des Umzuges werden Lucia-Lieder gesungen.

Weihnachten woanders

Es gibt aber auch Länder, wo Weihnachten erst mit dem 25. Dezember beginnt. Das ist in vielen englischsprachigen Ländern so, zum Beispiel in den Vereinigten Staaten, in Australien, in Großbritannien oder Irland. In den Vereinigten Staaten hängen die Kinder abends am 24. Dezember große Strümpfe an den Kamin. In der Nacht kommt dann der amerikanische Weihnachtsmann durch den Schornstein, füllt die Strümpfe und legt Geschenke unter den Tannenbaum. Ob die Kinder in dieser Nacht gut schlafen können? Am nächsten Morgen rennen sie jedenfalls gleich im Schlafanzug in das Wohnzimmer und packen die Geschenke aus.

Übrigens:

Der amerikanische Weihnachtsmann heißt »Santa Claus« – ihr kennt ihn bestimmt aus Disney-Filmen. Wie der deutsche Weihnachtsmann trägt er einen roten Mantel und hat einen langen weißen Bart. In der Nacht auf den 25. Dezember fliegt er mit dem Schlitten durch die Luft und bringt die Geschenke zu den Kindern. Sein Schlitten wird vom Rentier Rudolph und seinen acht Rentierkollegen gezogen. Sie heißen Dasher, Dancer, Prancer, Vixen, Comet, Cupid, Donner und Blitz. Donner ist das Lieblingsrentier von Santa Claus.

Rund um den Globus schauen viele Menschen an Weihnachten auch Fernsehen, zum Beispiel die Weihnachtsansprachen der Staatsoberhäupter, Familienfilme oder Sport.

Nicht überall auf der Erde wird Weihnachten im dunklen Winter gefeiert. In Neuseeland oder Australien ist es zum Beispiel Hochsommer. Da ist am 24. Dezember Party und Picknick draußen angesagt; im Garten, auf Wiesen oder auch am Strand. Dort zünden die Australier Kerzen an und singen Weihnachtslieder. Viele haben keinen echten Tannenbaum, sondern einen aus Plastik oder einen zum Aufblasen. Anders in Indien und zum Beispiel in Ghana: Weil es dort keine Tannenbäume gibt, werden Palmen, Mango- und Guavenbäume oder Bananenstauden weihnachtlich geschmückt.

»Frohe Weihnachten« in verschiedenen Sprachen

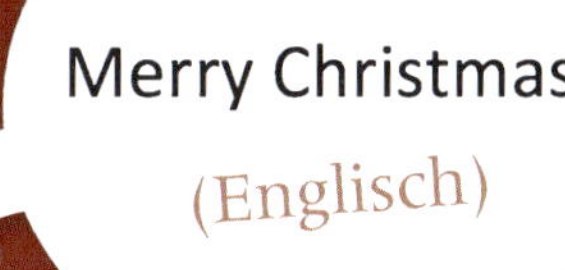

Hyvää Joulua
(Finnisch)

Feliz Navidad
(Spanisch)

Joyeux Noël
(Französisch)

Sinifisela Ukhisimusi Omuhle´
(Zulu, Südafrika)

καλά Χριστούγεννα
(Griechisch)

Vrolijk kerstfeest
(Niederländisch)

Veselé vánoce
(Tschechisch)

圣诞快乐
(Mandarin, China)

Wesołych Świąt
(Polnisch)

Buon Natale
(Italienisch)

С Рождеством Христовым
(Russisch)

Христос народивс
(Ukrainisch)

عيد ميلاد مجيد
(Arabisch)

E ku odun, e hu iye' dun
(Nigeria)

Silvester und Neujahr

In einem alten Kinderweihnachtslied heißt es »wenn Weihnacht vorbei, wenn Weihnacht vorbei, dann sind die Sachen alle entzwei«. Das ist hoffentlich bei dir nicht so und dein Weihnachtsspielzeug funktioniert noch.

Irgendwann sind die zeitlosen Weihnachtstage vorbei. Eltern gehen wieder zur Arbeit, Geschäfte haben geöffnet, vielleicht stehen noch Reisen und Besuche an. Der Blick schweift nach vorne: In wenigen Tagen ist das alte Jahr zu Ende und das neue Jahr beginnt. Erwachsene schauen dann gerne zurück auf das alte Jahr: wie war es, was ist passiert? Und sie überlegen sich, was sie im neuen Jahr anders und besser machen wollen. Das sind die guten Vorsätze. Viele Kinder sind dagegen aufgeregt: Dürfen sie am 31. Dezember bis um Mitternacht aufbleiben?

Der 31. Dezember bedeutet in Deutschland und in vielen anderen Ländern das Ende des alten Jahres. Wenn man zusammen in einer Gruppe feiert, werden gerne die letzten zehn Sekunden vor zwölf Uhr abgezählt: Und um Punkt zwölf Uhr wird sich zugeprostet. Den letzten Tag des Jahres bezeichnen wir als Silvester.

Übrigens:
Unser Silvester geht auf Papst Silvester zurück, der am 31. Dezember 335 starb.

Mit dem ersten Januar fängt dann das neue Jahr an. Das gilt aber nicht für alle. In China zum Beispiel beginnt das neue Jahr erst irgendwann zwischen Ende Januar und Ende Februar. Wann genau, das wird jedes Jahr neu nach dem Mond berechnet. Für die christlichen Kirchen startet das neue Kirchenjahr am ersten Advent. Dass bei uns das neue Jahr am 1. Januar beginnt, haben wir übrigens dem römischen Feldherrn und Politiker Julius Caesar zu verdanken. Er legte den 1. Januar als Beginn des neuen Jahres fest. Das Aufregendste am Silvesterabend ist für viele das Feuerwerk, das um Mitternacht beginnt. Die Idee, dass man Raketen und Böller bei Festen in die Luft schießt, stammte aus China und kam im Mittelalter nach Europa. Man war davon überzeugt, dass Feuer und Lärm in der Nacht böse Geister vertreiben würden – und das war lange Zeit wichtig für ein neues Jahr. Heute gibt es auch Kritik am Feuerwerk: Es produziert zu viel ungesunden Feinstaub, es verschreckt Tiere und kleine Kinder und ist zu teuer.

Neben dem Feuerwerk gibt es viele Bräuche, die am Silvesterabend die Zukunft vorhersagen oder Glück bringen sollen. Dazu gehören typische Glückszeichen wie Kleeblätter, Glücksschweinchen, Marienkäfer, Hufeisen oder Schornsteinfeger, die man zum Beispiel aus Schokolade oder Marzipan verschenken kann. Schon bei den Römern war das Bleigießen sehr beliebt. Dazu schmolz man ein kleines Stückchen Blei über einer Kerzenflamme und warf es dann schnell in kaltes Wasser. Anschließend versuchte man die Form zu lesen: was für eine Figur war entstanden? Was könnte sie im

neuen Jahr bedeuten? Heute wissen wir, dass die Bleidämpfe giftig sind. Deshalb nimmt man heute Wachs. Statt Wachsgießen setzen manche lieber auf das Essen: Zum Beispiel sollen viele Linsen am Silvesterabend im nächsten Jahr Reichtum bringen. Dasselbe sagen manche auch über Mohn. Ein voller Kühlschrank am Abend beugt Hunger im neuen Jahr vor. Und dann gibt es noch einen ganz besonderen Tipp: Wer sich die Schuppe eines Karpfens in das Portemonnaie legt, bei dem wird das neue Jahr einen Geldfluss bringen.

Übrigens:

Auf keinen Fall soll man in der Silvesternacht Wäsche waschen und zum Trocknen aufhängen. Es könnte die bösen Geister wütend machen und sie könnten sich in der aufgehängten Wäsche verstecken – und das wäre ein ganz schlechter Anfang für das neue Jahr!

Das Fest der Heiligen Drei Könige

Der 6. Januar ist für viele das Ende der gemütlichen Weihnachtszeit. Oft wird ein letztes Mal der Weihnachtsbaum angemacht, danach kommt er aus der Wohnung. In einigen Bundesländern und Ländern ist der 6. Januar ein Feiertag, danach beginnt die Schule wieder. Der 6. Januar ist also der letzte weihnachtliche Festtag. Immer häufiger klopft es an

diesem Tag an den Wohnungstüren, und es steht eine Gruppe von Kindern davor. Das sind die Sternsinger. Sie singen einige Lieder und sammeln etwas Geld für arme Menschen. Unter ihnen sind drei Kinder, die als Könige verkleidet sind. Am Ende ihres Besuches schreiben sie mit Kreide die Buchstaben »C+M+B« und die Jahreszahl an die Tür und ziehen zum nächsten Haus. Was hat es damit auf sich?

Übrigens:

In südlichen Ländern werden häufig bereits im Januar Samen ausgesät. Aus ihnen wächst später im Jahr Getreide, aus dem man Mehl machen kann. Mit Mehl kann man Brot backen. Daraus entstand der Brauch, am 6. Januar einen besonderen Kuchen zu backen. In ihm war eine Bohne, eine Nuss, eine Münze oder etwas anderes Kleines eingebacken. Wer sie schließlich in seinem Kuchenstück findet, ist für diesen Tag der König.

Drei Männer beim Jesuskind

In der Bibel berichtet uns der Schreiber Matthäus von drei Männern, die nach Jerusalem kamen. Sie wollten den neugeborenen König sehen, von dem sie gehört hatten. Sie kamen von weit her, aus der Himmelsrichtung, wo morgens die Sonne aufgeht. Sie waren weise und kluge Menschen, die die Sterne deuten konnten. Tatsächlich führte sie ein heller Stern bis Bethlehem zur Krippe mit Maria und Jesus. Dort knieten sie nieder, beteten das Kind an und legten ihre Ge-

schenke ab. Diese Geschenke waren Kostbarkeiten: Es waren Gold, Weihrauch und Myrrhe. Weihrauch und Myrrhe waren Baumharze aus der Gegend, die einen sehr besonderen Duft entwickelten, wenn man sie anzündete. In der Bibel haben die Männer keine Namen. Mehrere Hundert Jahre später aber tauchten Namen dieser drei Weisen auf, die manchmal auch als Könige bezeichnet wurden: Nämlich die Namen Caspar, Melchior und Balthasar. Die Buchstaben »C+M+B«, die die Sternsinger an die Tür schreiben, sind also die ersten Buchstaben der Namen. Sie haben noch eine zweite Bedeutung: Sie sind auch die Abkürzung für den lateinischen Satz: »Christus Mansionem Benedictat«. Das heißt auf Deutsch: Christus segne dieses Haus.

Mit diesem Segen an der Tür kann dann getrost, fröhlich und mit voller Kraft in das neue Jahr hineingegangen werden!

Übrigens:

Wer das Wetter am Dreikönigstag gut beobachtet, weiß, wie es in den nächsten Monaten werden wird. Das sagen zumindest einige Wetterregeln, wie: »Ist bis Dreikönig kein Winter, folgt keiner mehr«, »Ist es an Dreikönig hell und klar, wird es ein gutes Weinjahr« oder »Ist es an Dreikönig sonnig und still, der Winter vor Ostern nicht weichen will (also bis Ostern bleibt es kalt)«.

Nach dem Fest ...

Mit dem Fest der Heiligen Drei Könige ist die Weihnachtszeit vorbei. Jetzt geht es in eine neue Zeit des Jahres – Fasching, Ostern stehen bevor – und endlich der Frühling. Und irgendwann, lange nach dem Sommer, kannst du dieses Buch dann wieder hervorholen: Denn dann beginnt allmählich wieder der Herbst und die dunkle Jahreszeit.

Kunter, Katharina:
Weihnachtszeit, du schöne Zeit! – Feste und Bräuche von Sankt Martin bis Heilige Drei Könige
ISBN: 978 3 522 30641 6

Gesamtausstattung: Evi Gasser
Einbandtypografie: buch und grafik, Doris Grüniger, Zürich
Innentypografie und Satz: Swabianmedia, Eva Mokhlis, Stuttgart
Reproduktion: HKS-artmedia GmbH, Leinfelden-Echterdingen
Druck und Bindung: Livonia Print, Riga

Engel für alle Fälle

GABRIEL

Erwin Grosche

24 Engel für die Weihnachtszeit

112 Seiten · Gebunden
ISBN 978-3-522-30612-6

Noch 24 lange Tage Warten! Wie sollen sie das bloß aushalten, fragen sich Lotta, Uwe und Kalle. Zum Glück weiß Herr Brathelling aus dem Nachbarhaus Rat: Es gibt doch für alles einen passenden Engel. Einer, der beim Warten hilft, wäre tatsächlich toll, oder ein Bastel-Engel für den Christbaumschmuck oder einer beim Plätzchenbacken. Ob das wohl stimmt? Die Kinder jedenfalls sehen den verbleibenden 23 Tagen bis Weihnachten sehr gespannt entgegen.

Der Weihnachtsklassiker

GABRIEL

Selma Lagerlöf

Die Heilige Nacht

32 Seiten · Gebunden
ISBN 978-3-522-30560-0

In dieser Nacht erschrecken die Schafe nicht, die Hunde beißen nicht und jetzt steht tatsächlich dieser Mann, den er eigentlich fern halten wollte, vor dem Hirten und bittet um Feuer für sein neugeborenes Kind. Dieser kann nicht anders, als dem Kind zu helfen. Und als Engel erscheinen, wird ihm schlagartig klar, warum diese Nacht so besonders ist: Er erkennt in dem kleinen Kind Gottes Herrlichkeit.